生命思想 vs. 生命意義

陳俊輝⊙著

前　言

　　談到「生命教育」，如果不加思索，總會教人聯想到什麼「科學教育」、「美藝教育」、「哲學教育」、「宗教教育」，乃至學界人士曾不時大聲疾呼、極力倡導的「德性教育」、「智性教育」……等這類科別或學門。

　　說真的，人們在以前所熟悉的教育口號，多半是牽連到中小學的德、智、體、群、美五育教育，或時下青年學子應如何擠進大學的窄門？我們的技職教育要怎樣的改善或升級？以及目前的教育方向，應如何配合國家經濟的發展而預作長遠的規劃、設計……等。

　　如今，隨著「宗教教育」的進入校園暨學術殿堂，而且在西方流行好一陣子的生死學思想，也逐漸受到國內知識份子的矚目。尤其，近幾年來我國社會內部的敗象叢生，例如，綁架、勒索、黑道滋事、凶殺、詐欺、走私、販毒、嗑藥和自殺……等駭人聽聞的事件不時傳出，之深深戕害善良的風俗與民心。

　　當然，如果你仍要強調：自一九九九年九月二十一日埔里大地震以來，國內社會所受到的重創和不安，幾乎一直延續到新近政治舞台上的大變動（如，新、舊政權輪替後的國會亂象；台海兩岸政策的膠著不明……），以及經濟環境的大震撼（如，國內產業的外移；對進入WTO之可能帶來巨大衝擊的失調，以及關廠、失業率的節節攀高……）；這一切的一切，可謂已讓許多人一夕數驚，整個民情幾已陷入谷底，而確然引起人們開始對優質生活和生命教育的重視。

　　什麼是「生命教育」？特別是，針對青年學子的教導，我國教育當局近來繼推行大學多元入學新方案暨推動相關的變革之後，又有一

次高分貝的呼籲。想來，應是企圖以亡羊補牢的手法，喚起你（妳）、我對教育的根本宗旨之一，即要對我們每一個體生命的肯定，以及對他人的人身自由暨權益的肯認。所謂「養天地正氣，法古今完人」，以及「留得青山在，不怕沒柴燒」的古諺之可應用於此，差已凸顯教育的重要目標，當無所不在運用一切資源，以教導、潛移默化一個有志向上和積極懷抱生命熱忱的青年，俾使他能真正成為一個頂天立地暨有用的社會棟樑。

奈何，隨著歐風東漸，西方次文化的入侵，除了一向寧靜的校園之難以倖免於它的感染，我所謂以傳統農業立國的社會，同樣也正受到它的衝擊。表面上，你、我看到的社會百態，有時是顯得那麼的光鮮、繁榮或進步；可是，細究之下，你將驀然發現，社會的內部、人心的深處，充斥著令人厭憎的短視、貪婪、浮誇、自傲和「無助」。

加上，自由民主化腳步的快速，個人自主意識的日漸提昇；相對地，卻也在疏離你、我平日的感情，乃至一個家庭之能夠維繫其各成員的親情和愛情。

為此，你、我當已看到：往昔人們所憑恃的家庭教育、學校教育和社會教育的良性互動，協調與聯繫；如今，早已因為我國社經結構的快速變化、新興價值的多元林立，以及時下E世代青年的追求風尚……等的衝創，而即將變得蕩然無存、有名無實。

說來，針對上述的沈疴與疑難，即如何恢復校園一向的寧靜，強化每個家庭應有的教化功能，以導正社會的演變方向，想必已成為當今有識之士或專家學者日夜擘劃、苦心孤詣的奮鬥目標。當然，人們翹首期待的是：研討學問的校園能夠愈是單純愈好，每個家庭能夠愈加健全愈佳，以及我們的社會能有一實質的、良性的改善，好使國人的生活品質真正提高、痛苦的指數愈加的降低。

畢竟，我們可以瞭解到：不管當前的校園、家庭，乃至社會問題，就算是層出不窮，叫人煩不勝煩，還是可有漸次改善、期待被導正的一天。原因是，只要能齊心努力──套句媒體上常見的語言：「朝野一致」，向來有淑世情懷關注我們周遭的生活世界；所謂誠摯懷具「雖千萬人，吾往矣」的願力，以及擁有「愚公移山」的憨直，人所期盼的結果，則當是會有良性的變化暨改善的。

　　然而，此間我們所強調的，也是最引人注目的是這個「區別」：一個活著的人所碰到的人生疑難，包含前述的個人、家庭、學校、社會，乃至國家一切的大問題、大事件，不管是如何發生，總有讓人期待、被人看好去解決的一天。但是，一個已去世的人，他必不致碰到任何一項有關於他或無關於他的問題。

　　我們之所以要提出這樣的區別，所想要提醒的是：對「生命」本身的重視與否，誠然已成為我們當前的社會，甚至你、我所熟稔的校園，以及每個成員所從出的家庭的一個基始的問題。如套用十六、七世紀英國的大文豪莎士比亞（W. Shakespeare, 1564-1616）在他的劇作《哈姆雷特》劇中的一句對白，那就是「存在或不存在，這是一個問題。」

　　的確，活著與不活著，存在或不存在，是生、是死，這兩個世界或這兩個範疇，委實有它天大的不同、絕對的差異。

　　君不見，現今的這個時代，遠的不說，就從有的國家的情況來談。我們從報導上可以知道：有些地域，因為想求取實質上的獨立，它的反對派人士就不惜以恐怖手段（如：自殺、炸彈爆炸和汽油彈攻擊……），製造社會的動盪不安，企圖達到他們政治上的目的。

　　而我國當前的情況又如何呢？看來，在政治上的追求國土分裂，可說還不至於；不過，有的人就為了貪取金錢財利，或滿足自

己的私慾，而自甘作賤，犯下炸彈、恐嚇、綁票、勒索、商品下毒、焚車、燒屋、殺人、毀屍……等令人髮指的行徑，不惜與國法、人民的權益相對抗。

至於現代的人們，尤其所謂的E世代年輕人可怎麼了？有人會說：他們真是養尊處優的一代。有人還稱：他們是溫室中長大的一群；也有人更表示：他們並不曾經歷戰爭、動亂的恐怖，也不知悉年老一輩先前為了生活而打拼的甘苦。所以，他們委實是當代工商業社會、網際網路時代的新寵兒或天之驕子。

實情豈是這樣子嗎？想想：大概是如此吧！既然是如此，這如何能怪罪他們？難道降生在這個時代、這個社會是他們故意的？也是他們的錯？當然不是！

既然不是，又如何能以比較性的口吻來論斷，甚至以古諷今？的確，這是不妥，又不對的事。因為，我們誠然不可把一切的責任，都推卸給新的E世代的青少年。不過，既因今日的社會景況，竟是如此顯眼地擺在你、我的面前，有如：

事例一：有人為了報復新仇舊恨，便有計畫地預謀、槍殺他昔日的一票朋友；因為，報仇者懷疑他過去兒時的玩伴曾出賣他，甚至還讓他身陷囹圄、又負罪終生。當然，這位復仇者殺害他認為是仇家的人，後來，自是深知法網難逃，終而舉槍自盡。

事例二：每到考季，報章經常可以看到，有青年學子因為拒絕聯考或考試不理想，而走上跳樓、自焚……的不歸路。

事例三：在報章雜誌的社會版上，常會有報導說，某某人因為染上嚴重的憂鬱症或精神失常……等疾病，而會有拿刀殺人，或見人就砍；甚至，自己還有自殺、厭世……等的怪異舉動。

事例四：前些時日，即有所謂飆車族的出現。說他們飆車僅僅是為了追求個人的追風逐月、風馳電掣的快感，而有他們對自我快

樂的評價；這本無可厚非。因為，每個人總是有選擇自己詮釋自我的快樂和快意的方法。不過，由於他們總呼朋引伴、集結成群，或在人車繁忙的路段，或在偏僻的寬敞地區，踩緊油門呼嘯而過。此一者，要不是會嚴重影響到他人的身家安全；二者，則可能造成他自己和其家人難以彌補的永久傷害。

只是，最叫人駭怖與可恨的，莫不是：就有不自愛的飆車族青少年，不知是何緣故，在追風的快意中，動輒拿西瓜刀逢人便砍；甚至在夜闌人靜時，行徑幾近瘋狂地連續敲破整排停放路邊或巷道的車子的車窗玻璃，而引以為快。

事例五：不久之前，在一些有騎樓的商家或住宅區，總傳出有無名火竄燒。當然，被火焚的是停放路邊或屋簷下的汽、機車；而連帶遭殃的，卻總是鄰近火燒車的一些住家或樓房。

事例六：報載有兩私校大學部學生，分別是因為所謂的「感情糾紛」和「自小即有輕生念頭」，而以不同手段（一者使用炭火，另則以跳樓方式）來結束自己年輕的生命。

事例七：前幾年自中部地區大地震以來，即傳聞有死傷者的家屬，因為不能承受親人的驟然離世，或因為自己的房屋、家當瞬間毀於一旦，而難以面對無家可歸和調適變局的心理壓力，終而走上了自殺的絕路。

諸如以上的事例、案由，誠可說是不勝枚舉，又叫人怵目驚心。總括的說，這是因為整個時代在變，整個社會在變，你、我的人心更在變，也更在浮動中。追根究柢的探討，有人就認為：這可是我們現有的社會價值觀的混淆之所致。也有人表示：這應是在工、商業競爭社會下，人、我疏離的一個必然的結果。有人甚至還指稱：這無非是國人教育心理徹底失敗的一項寫照⋯⋯。

只是，相較於現時段的「生命教育」之受到多人的重視，我們

則要明說：國人的生命教育，現在不祇宜從根本紮起，而且更應仔細考究暨提供它一個實質的內容與精髓。

針對於此，筆者即嘗試提出個人的一點淺見，即企想從生命思想、生命意義、生命哲學、生命詮釋學、存在（主義）哲學、生命科學、生命美學和生命倫理等角度，來架構「生命教育」的有機體系；務期能兼顧學理和實務，即結合理論和實踐，以為當前的「生命教育」學程，提供一種可資參酌、反思暨批判的素材。

在此，則要感謝筆者的好友，揚智文化葉總經理忠賢先生的鼎力支持，才使本套書冊之一——《生命思想v.s生命意義》能順利付梓問世。

台大哲學系

陳俊輝　謹識

於淡水本篤山麓

認知評量表：問題v.s回應

1. 你（妳）認為：生命教育的倡導與國人優質生活的提昇，是否有它們內在的關聯？何故？

2. 生命教育的根本宗旨何在？

3. 就你個人的觀察，國內社會的百態究竟呈現了什麼樣的特徵？是值得慶賀的？抑或是令人擔憂的？

4. 據你所知，我國的家庭教育、學校教育和社會教育此三大環節是否已脫了鉤？原因究竟何在？

5. 在你看來，一個人之擁有生命，即擁有與生俱來這個軀體的生命，是帶有何種的意義？或者說，它給予了我們什麼樣的啟示？

6. 你對E世代青少年的看法與評價是如何？

7. 人生難免有不如意之事，尤其在個人健康、感情、事業或人際關係上常會出現問題；在你看來，人應如何以健全的心智去面對？

8. 近來，有醫學界學者逕把自殺當成一種疾病；在你的想法中，自殺究竟可否當成一種疾病？如果可以的話，它是可成為一種流行病呢？還是一種不治之症——癌症？

9. 在你看來，一些青少年會耽迷於電動、賭玩、嗑藥、吸毒或飆車的狂熱中；你想：當事人當時的身心狀態是如何？

10. 你認為：理智的教導和道德的感化，可否糾正一個血氣方剛之青少年的心思行徑？不然，究竟應作如何的改善？

11. 國內自殺的案件雖然層出不窮，而其中又不乏校園內的資優生或社會中的優秀人才；在你的認知裡，這些人為何堅信：「自殺」這個（殺人）行為，即能徹底解決他生前所碰觸的

一切煩惱或痛苦？

12.你認為：現有國內的教育理念、教育政策與教育方向，對現有社會價值意識的提振與重整，是否已盡到它該盡的責任？不然，究竟應如何的調整以為因應？

目　錄

生命現象的覺察

關切生命的活動

談到「生命教育」的核心暨其周邊重要的課題，我們認爲莫過於是：分別要對你、我之作爲一個在世界中的存在，即一個有主體生命、主體思想和主體意義的肯認暨關切；接而，扣緊此一核心或肯認，能夠針對一個人在世界中其知、情、意之生命活動的適切表現有所闡發和教示。

如以關係範疇來說，人類的生命活動，多半是呈現在個人之與自己、他人、它事（物），以及所信仰的對象（如：某位偉人、聖哲、神明、神祇、天、道、梵、天主、阿拉、眞神……）的關係網絡上。

如以學理的用語而言，人類生命活動的顯現爲：人是一個能建立多元文化的主體；它則表現在神話、宗教、語言、社會、法律、經濟、政治、軍事、管理、教育、歷史、藝術（包含：音樂、建築、雕刻、舞蹈和繪畫……等）、文學、倫理、醫學、科學、哲學和其它的學門領域上。

而如以人的能力角度來說，人類的生命活動，則展現出他在某些領域中所呈示的自主性、決斷性、能動性、創造性，乃至機智性……等。當然，如果你要說，人並不是神，因而他也有先天的受制性、不完美性……，這也無可厚非。因爲，坦白的說，人並非十全十美；人總是因爲帶有肉體（身軀），而會受到主、客觀多種的條件或時、空間各種規律的圍限，而難以凡事都全權作主。

是以，針對上述生命教育的核心（肯認），我們認定，在一個人之涉理他與自己、他與他人，他與它事（物、環境……），以及他與超越界（包括：他所信仰的對象……）的關係網絡上，生命教育的探討領域，或者說生命教育理應關切的課題，自當觸及到一個

人對下述各類事項的適切態度暨認知：生命、死亡、命運、自由、片刻、時間、個性、氣質、責任、紀律、才能、自我意識、進步、成功、畏怯、挫敗、憂懼、不安、回憶、期待、憤怒、喜悅、心緒、領受、付出、愛戀、仇恨、親情、友誼、婚姻、知識、工作、金錢、音樂、人緣、溝通、分手、大自然、旅行、享受人生和信仰……等。

「生」是受命定的

「生命教育」既然是以「生命」作它關切的中心，這時，有人可能就想質問：那麼，什麼是「生命」？人又如何認知「生命」就是所謂「生命教育」的主要核心？……

針對這一類的疑難，我們則想作這樣的回應：其實，從「我」之作為一個有生命、有存在、有思想、有意識、有欲求、有覺察能力之體悟的觀點來說，我這個擁有自己獨特生命的我，誠然是有別於其他人，其他事、其他物的「我」。又，我這作為擁持自己個自存在、自己獨特的思想、自己的生存意識、自己的人生欲求，以及自己的人生覺察的我，確實是一種極其神奇、極具特色和極為珍貴的上天之恩賜。

何以這樣說？這是因為：我能用思想，我能用比較的思維、能用排比的論究方式，先以觀察的手法辨識在我周遭所發現的事物；進而，輔以理智的分析，去作分類、篩選和歸納……，終而便可擷取自己想獲得的「知識」。

在這當中，便包含了：我能擁有人我有別的知識、物我有異的認知、人與人之間的關係，以及我與他人、我與它事、我與它物（包括：周遭的生態、自然環境），乃至我與「超越界」（按：在這

裡，可涵指超出我現有的經驗、理性推理、直覺和想像……等諸般能力所及的領域）之間的關係的認識等。

這時，最是叫人咋舌又震驚的事是：我居然能用自己的「認知能力」（學界人士稱它為：理性 reason），去認識一心企想認知的一切。當然，一旦我能屢試不爽，我也隨時注意自己有能力上的極限，我終將會認可：我的一切瞭解、一切認識，總是有它自身的限制。

究其原因，一來，可能是出自於自己接受教育的不足；二來，也可能是我並不瞭解我所想認知的「對象」，其實，原就充斥我與生俱來的能力所絕對難以參透和把握的東西（可稱之為：奧蘊或秘密……）。

為什麼是這樣？這可能就不應來責怪我們自己。如果要責怪的話，就先怪自己的自不量力，一心總想好高騖遠。甚至，還要責怪自己的眼界過高，並不瞭解箇中事理的真相，而鎮日祇會做白日夢。

說實在，人是被「命定」在這世上出現的；也就是指，他的出現，委實並不出自他個人自己的主觀意願。他是那（位）決定他必須是如此而又非這樣不可的。

如套用中國先秦時代《詩經》中的一段文句，則可瞭解；它說：「天生蒸民」。這即表示：人是由「天」所造生、創生，甚至是「天」從無中創造出來的產物。也借用中國古典道家老子（Ca.580-480B.C./571-476B.C.）的一段話來思忖。他說：「天地萬物生於有，（有）生於無。」這則在明示：人是作為天地萬物中的一個成員，而他的存在或出現，主因並不繫賴他自己，而是出自於「有」，出自於「無」的。這裡的「有」、「無」，自是涵指「道」的顯、隱二性徵。

又，在此我們可要知道，老子的涉談「有」與「無」，應純粹是就人的有限語言字辭的使用，而辯證地涵指（反托）那超出一切語言指涉之外的「對象」。用他自己的話說，則可稱它爲：「道」；又作：「大」、「逝」、「遠」。甚至，也可以所謂的「夷、希、微」三（而）一者來稱述。

因爲，作爲萬有之存在本源的「道」，它原是世人肉眼所不可見（稱之爲：「夷」）、是人的肉耳所不能聽聞（稱之爲：「希」），也是人的手、腳觸感所不能及（稱之爲：「微」）的神妙的「存在者」（永存者）。

再者，儘管老子有他那幾近神秘主義般的表述方式，我們總能明白，他一心要告訴我們的是：人都是被「道」所生成。人生的一切認知、一切探討，乃至一切的欲求……，總不能離卻「道」之對你、對我與生俱來所作的要求。這個要求就是：你要以合乎道（自然、不矯揉造作、不虛情假意……）、眞誠、質樸、尊德……的心思行徑去做你自己，並努力完成道我的合一。

從以上兩事例裡，已然可知：古中國的《詩經》思想和老子對「道」的思維，在在即要表顯：人類在世上的生命，即是一種富含「道」或「天」的本性的個體生命，也是一種能去接近他這生命之本源的主體生命。當然，他這種的生命，也是一種受制於「道」或「天」之有條件、有轄限的生命。

爲此，針對先前有人可能質求的一個問題，即：什麼是「生命」？我們在此便想作粗略的回答：他是一種受造的生命，是一種秉有你可稱之爲「天」意或「道」德，或者其他……等特質的獨特的生命。

「生」宜返本溯源

　　接而，就前述的第二個問題，即：人如何認知「生命」就是所謂「生命教育」的核心？對於這個疑問，我們則從以下兩個角度來作一回應。

一、人在宇宙中的出現

（一）「終極實在」的設定

　　先前談到，人不是自然出現在這世上，也不是出自他自己的主觀意願或故意要出現於此世的。這是因為，他是被造生、被創生、被造化或被創造於此世的「受造者」。

　　在此，古中國的原始儒家之祖孔子（551-479B.C）的言論：「天何言哉？四時行焉，百物生焉，天何言哉？」，以及「天生德於予。」……等，也作了同樣的佐證：人類之存在於世，即是「天」這「終極實在」（the Ultimate Reality）所造生的一個結果。

　　儘管「天」在孔子看來，祂是一永不開口說話，也永未自炫己能、己力的「天」；但是，透過孔子個人的生命體驗（包括：他熟讀古書，勤於觀察、省思和祈禱——因為，他曾經說過：「丘之禱久矣。」），他卻很自信地表明「天」這一偉大「造物主」的永存。

（二）造物主神與人的關係

　　再者，我們從中東猶太暨基督宗教的教義觀點來看，也可得知：人當是非出自他個人意願而來到此世的。人類，一者可說是真神用祂自己的靈力所創造的傑作；另一者，又可如此稱述：人類擁有和他的創造主耶威有其相似的「形象」〔按：這裡的「耶威」（YAHWEH或作YHWH），可與古中國的原始道家之對「道」的描

述，即稱它為「夷、希、微」來作排比與聯想。因為，兩方不僅發音接近，即夷（Ｙ）、希（Ｈ）、微（ＷＨ），而且意涵又頗近似：同指宇宙中有一萬有的基源的存在〕。

就因為人類與他的造物主神有相似的形象，所以，猶太暨基督宗教的教義的觀點即表明：人類既按照神的形象、樣式被造，神便以此為樂，並且差派他去管理神造的海裡的魚、空中的飛鳥、地上的牲畜與全地，以及地上所爬的一切昆蟲。目的呢？就是要「榮耀」祂。（為此，也可以說，人是為了神的榮耀而被造的。）而，為了達成上述這類艱鉅的工作和榮耀的目的，有話便這樣提到—— 神曾對祂所造的第一對人類的始祖亞當、夏娃說：

　　要生養眾多，遍滿地面，治理這地。

的確，在這種神造萬物的意識之主導下，猶太暨基督教信徒的生命觀是：人的一生，總應返本溯源，以瞭解他個人生命的原始真相。所謂人一旦認識了真神，他便可認識到他個人在世上的主要工作與生活的目的。如以我們所關切的生命教育此一學程的一種認知而論，便可以這樣說：經由先認識你、我生命的主宰，我們才能順次展開對「人類」的思想。從而，以發現你、我個體生命在世上的存在意義、存在價值、存在目的與存在任務。

二、自我的觀省與定位

循以上所言，既然已知：你、我個人的生命，原本就是一種已受命定、已受造化的生命，以及人宜努力返本溯源；如此，在不忘本源的前提下，人始能夠從他的存在基礎，找到他身處在這世上的蘊義與立身之道。至於，論到生命教育為何是以「生命」，即關注生命的蘊義為其核心？以及這裡的關注生命，之與前述的「立身之

道」又有何關聯？……

在此，我們則想由列述古印度的釋迦牟尼（Ca.564-485B.C.）與古希臘的蘇格拉底（Socrates,469-399B.C.）這兩位聖哲的人生洞察，以作爲探究此一論題的起點。

（一）古印度偉大的覺者——釋迦牟尼

首先，來談談釋迦牟尼個人的人生洞察。

說到釋迦牟尼，我們可不要忘卻，他在年幼時即受過力倡泛神論思想的婆羅門（教）的吠陀教育。及長，由於在因緣際會下，曾目睹人世間（按：古印度社會）到處充斥著生、老、病、死……等存在現象。尤其，他對人世的無常、痛苦與煩惱……等有他獨特的體認；先後曾出家，接受瑜珈（yoga）禁欲苦行的修練。此外，還曾向當時的數論派學者討教成佛之道。而後，便前往伽耶山修行，在尼連禪河沐浴，並在一棵菩提樹下打坐；終而，即開悟出所謂的佛法眞理。

這裡的佛法眞理，即是現今佛教界所盛傳的三法印（諸行無常、諸法無我、涅槃寂靜）、四聖諦（苦、集、滅、道四諦）、五蘊（色、受、想、行、識）、八正道（正見、正思惟、正語、正業、正命、正精進、正念與正定），以及十二因緣（無明、行、識、名色、六入、觸、受、愛、取、有、生和老死）……等。此間，它的重點無不是集中在對萬有之「無常（性）」的知見上。

或者，也可以這樣說：前述的十二因緣，是在闡明證得「無常」的途徑。爲此，所謂的無常（性）、苦性和無我性，便是釋迦牟尼洞觀萬有（包括：對人生的洞察）的本質的一個結果。

在此，我們則應明白：釋迦牟尼的人生洞察，當即是一種在無位格神（創世）的強調下所兀自建立的認知。爲此，有人逕稱：力指無神、無我、無靈魂，便是釋迦牟尼創建其根本佛教暨原始佛教

的重要主張。

　　只是，談到由釋迦牟尼所建立的原始佛教之對生命教育的基調，我們則要說：它是一反前述中國古代的儒、道二家，以及中東的猶太暨基督宗教之肯認宇宙有一「造物主」的存在的論點〔按：在此，有學者甚至更以有否創造意圖來區辨儒、道之與猶太暨基督宗教的不同，而指稱：道家所說的「道」的創世，乃是一種的「不生之生」，而儒家的會造生萬物的「天」，即頗具有位格神的意味；至於猶太暨基督宗教的耶威神，則是一位創造意圖最明，且又具有其顯赫威榮的位格神〕，而倡言一個人單憑己力，即個人自己的知見，便可獲取「正覺」的一種無神論的「解脫哲學」。

　　在此，可要注意，如果有人硬要說原始佛教是一種「宗教」（religion；按：西方歷來宗教的涵義），我們也只能指出：它因為是宗主釋迦牟尼佛（這裡的「佛」，即覺者之意，而非意指一位不同於一般凡人的偉大的主「神」）的教化、教育或教誨；所以，便可稱它就是一種「宗教」。其實，「佛」「教」這兩字的連稱所形成的「佛教」一語詞，則是出自於釋迦牟尼佛個人的教化或他的教誨，而被視為有如一種宗教的「佛教」這樣的稱謂。

　　自此，我們可不宜混淆：這裡所談的「佛教」，便是指「原始佛教」。它的本質，則應是一種本諸無神論的基調而倡言個人自力救助的「解脫哲學」之代稱。

　　至於後世之人每把佛教當成一種類似西方基督（宗）教系統的型態，即擁有一救贖主居其關鍵的地位，這個主因則是：印度佛學的發展，到了大乘佛教的出現暨盛行時期，因為有人開始神格化佛陀而才造成「佛教」被有些（絕大多數？）信眾視為一種「宗教」之所致。

　　總之，不論作為古印度偉大的覺者釋迦牟尼，是如何從無位格

神的角度去觀照人生、詮析萬象，筆者仍要指明：他的佛學思想所呈現的生命教育之理念，則是以落實個人一己的知見，不斷倚藉自力修行以祛除人性本具的貪、瞋、癡之妄念為要務，並且是以求取個人生命無上的正覺作它最終的依歸。

自此，我們可以這樣表示：關注自己的真實「生命」，並以「精勤修行」之方式極力破除對世上虛妄事物的執著，而期能獲致個人最後的解脫，這是釋迦牟尼的人生洞察的一個重要發現，而這也可說是他的（及其創建的佛教僧團的）生命教育的中心要務。

（二）古希臘的倫理教師──蘇格拉底

論到蘇格拉底這位聖哲的人生洞察，我們從現有的文獻當可得知：他是一位極其好學，但卻視自己是「無知」（Ignorance）而又懂得如何去生活的人。

相傳，蘇格拉底對古希臘的神話思想（尤其荷馬的神話史觀）以及各類哲學思想，並不陌生。特別是，他頗熟諸一位名叫亞納撒格拉斯（Anaxagoras, Ca.500-428B.C.）的精神哲學，以及一位名叫亞奇勞斯（Archelaus, Ca.500B.C.）的自然哲學理論。此外，他對當時的天文學和所謂詭辯學派的辯證思想，也有他的涉獵。

由於對變動的人生有其獨特的感知，因而，蘇格拉底平生的言談，乃至他那充滿睿智的一生，便留給後世人們這樣的一種鮮明印象：他熱切追尋個人的存在意義，更矢志不斷探尋「真理」之對每一個人的生命所造成的實質影響。

跟前述古印度的覺者釋迦牟尼不同的是：蘇格拉底雖深刻體驗了人生的真諦，但他並未試圖建立任何學術性的社團。唯一能有所品述的是：他的言思行徑，看來乃頗為「逍遙」、「快意」。因為，他經常遊走在市場裡、街坊上、酒宴中、樹蔭下，以及運動場、體育館內，只是為了大談闊論他對知識、道德、美善、神明、智慧，

乃至人生百態的見解。

由於對真理、美善與神性世界有他熱切的關注，蘇格拉底對每個他所碰到和晤談的人（有如：朋友、學者、工匠、社會下層人士、妓女和藝術工作者……等），以提醒方式要他們多能為自己的將來，特別是要為自己個人靈魂的永恆福祉盡點心力。因為，蘇格拉底深信：對一個過完此世之後的人而言，總有另一個「世界」等待他去生活。這個世界，當然是唯有靈魂始能夠去承受的一個精神世界、永恆福樂的世界。

因為蘇格拉底一者對此世界的深信不疑，他也和他對談的學員辯論此世的存在；再者，他每每告示別人另有一位「未識之神」的存在，而要時人多能反躬自省，多加認識、崇拜這位宇宙至高的主神。結果，卻惹來當時社會的反撲，被控以妖言惑眾、蠱惑青年，以及褻瀆眾神和另立新神此兩大罪名，因而琅璫下獄。

相傳，在獄中的蘇格拉底，仍不時記得他昔日與人言談甚歡時的情景。而就在被判服鴆（毒酒）之前，蘇格拉底的大弟子柏拉圖（Plato, 427-347B.C.）因病未能隨侍在側，那時蘇格拉底在對弟子的告白中留下了這一段頗教後人玩味的佳話：他向一位名叫克利多（Crito）的弟子這樣提到──「克利多啊！我仍積欠醫神（按：Aesculapius愛絲古拉皮烏）一隻雞，請你代我獻上，千萬不要忘了。」（語出〈斐多〉篇，柏拉圖著）

的確，蘇格拉底就是這麼一位智慧過人、激情服眾和謹慎行事的人。有關對蘇格拉底「個人」的評價，後世學界的讚語可謂是不絕如縷，而又叫人津津樂道。

當代丹麥的一位文學家、寓言學家、宗教思想家兼存在哲學之父祁克果（Sören Kierkegaard, 1813-1855），曾如此評述著：

蘇格拉底（是一位倫理教師），他所高度重視的就是：站穩

自己，並走向自己；緘默，這是他那關聯於世界歷史、他
整個生命的東西。

無知，是一種實際哲學的立足點；……蘇格拉底的無知，
並不是一種經驗的無知；因為，他擁有許多的資訊，早已
讀過許多詩人與哲學家的著作，以及在生活事務上有過高
度的體驗。不，在任何經驗的意義上，他並非無知者。然
而，在某個哲學意義上，他卻是無知者。

他對於構成一切事物、永恆、神性的基礎的理性，一無所
知。這也就是說，他知道有它在；但是，卻不知道它是什
麼。他意識到了它，然而，卻又未意識過它。因為，他對
於理性唯一所能描述的事是：有關於它，他則一無所知。

語出自《論反諷的概念》‧導言與部 I

又說：

我們可不要忘了（然而，畢竟有多少人可知道它，或想過
它？），且不要忘記：蘇格拉底的無知，是一種對神的敬畏
與崇拜。他的無知，是用希臘人的方式，表現了猶太人的
一項認識：「敬畏神，是智慧的開端」。

「我們更不要遺忘：正由於對神的敬仰，他才無知；雖然身
為一個異教徒，他卻像一個審判官，在神與人的邊界線上
看守，苦守在他們，亦即神（與）人實質區分的深谷旁，
好使哲學或詩……等形式，不致把神（與）人混同為一。
看哪！就因為這個理由，蘇格拉底是個無知的人；且正因
為這個理由，神認為他才是最有知識的人。」

（語出自《死病》‧補遺）

從以上祁克果對蘇格拉底一生的行誼的解讀上，想必可叫人明瞭：祁克果逕視蘇格拉底是一位有智慧的凡人。說蘇格拉底是「凡人」，是因為他並不自恃自己是聖哲、偉人，更不會抬昇自己為神；他跟一般人一樣，身為雅典的公民，也服過兵役（按：曾擔任全副武裝的步兵），並且參加多次希臘國對外的戰役……。

　　而說他有智慧，是因為他遇事總會反躬自省，察知自己的知能到底有多少。他不逞強，不會以不知為知，誠然是一位懂得謙抑、進取、熱誠待人，外表看似孤寂，內心卻有他認定的「神」之能與他為伴的哲人。為此，無怪乎，有話會這樣排比他與基督教的微妙關係：

> 在基督教之外，蘇格拉底孤獨的站立著。高貴、單純，而且有智慧；你確實是真正的改革者。

語出自《日記》，1854年，祁克果著

　　從以上分別探討釋迦牟尼與蘇格拉底這兩位聖哲的人生閱歷上，我們當可獲致這樣的一種印象：他們都是用心在生活，以理性的激情在關注自己（乃至其他人）的生命。

　　甚至，是以他們整個的一生，在豪賭自己的未來：一者，曾察見人需以「精勤修行，莫放逸」的願力和情懷，去面對那變化無常的人生，好從中汲取個人生命之從空礙、貪執的慾念得以解脫的睿智。另一者，則篤信人總得以「走向自己」、「認識自己」的心志和決斷，去觀照稍縱即逝的暫世，俾使個人靈命能由罪污、絕望的人世獲致救贖的智慧。

　　在這裡，我要提醒的一件事是：蘇格拉底的無知之知和認識自己的認識之秘，已被詮解成：一種富含猶太暨基督教意涵的「知」

和「認識」──一個認識自己的人，便是認知到有（眞）神存在的人。

　　這意思是說，儘管以人的有限心智，永遠無法理解這位神的性質和一切；但是，在隱隱約約之中，卻是教人難以推諉「祂」的永存和臨在。這就是蘇格拉底的存在人生的宗教之旅，也是前述祁克果之對蘇格拉底有神論的人生哲學所作的一種詮釋。

　　而相較於蘇格拉底，釋迦牟尼因只體會暨知見到萬有的無常、無我和無神的存在，從而發展出他那自力求取個我生命的終極解脫之學理。

　　這樣的一種認知，如從人（性）的角度來說，本也無可厚非；因爲，人總是憑藉一己與生俱來的心智或意識，去認識、品評他周遭的世界及一切。在這裡，也就顯見人確實是宇宙中的寵兒，是萬物之靈長，是眞正有別於那現存在世上的任何其它的動物。

　　就因爲人有生命、有思想、有意識、有欲求、有意志力的行使，他便能從評估周遭的一切事物上，獲致他一心企想取得的知識或智慧。在此，我們要說：自我的觀省與定位，便構成一個在世上生活的人的生命之要務。

　　釋迦牟尼的一生之寫照，爲何會顯現在對世事之無常和務破我執的認識上，自認爲就在自己不斷精進的修行中，即已獲致無上的正覺；同時，也對自己眞正的「自我」，擁有了至高的洞察？

　　蘇格拉底的人生表現，爲何會呈示出他對外在感性世界的批判，而自恃人唯有反觀內在的自我，以及辯證地調整自己對人間世的態度，他才可能獲取無知之知和天神的青睞？

　　這一切的論述和詮解，都離不開對個人生命的兀自體悟與對待。它對前述的釋迦牟尼、蘇格拉底是如此，對今日的我們之探討什麼是生命教育的重點暨核心更是如此。

一旦捨離對個人生命的專注與關懷，放棄對個人生命應有的嚴正之對待，便沒有生命教育這一門功課或學程的存在。自此，我們就可得知：覺知人在宇宙中的出現，必是有它珍貴的深蘊和寓意；而且認知到對自我的觀省和定位，定有它難以推卸的重大責任。這，可是今日我們的生命教育所應盡力而責無旁貸的工作與使命。

認知評量表：問題 vs. 回應

1. 人在世上的生命活動的範圍是什麼？這也就是說，它的關係網絡涵蓋哪些領域暨對象？
2. 你（妳）認為生命教育理應涉理哪些課題或範疇？
3. 生命的特徵是什麼？人是否可以明說：生就是一種命定？何故？
4. 人的生存活動暨其生命力的表現，是否可無止盡地擴張？由之而稱述「人定勝天」，這種言論是否切合實情？
5. 你對《詩經》與先秦儒家之祖孔子的「天」論究竟有多少瞭解？
6. 你對先秦道家之始老子的「道」觀有何見地？是否認同「道」就是天地萬有的主宰？何故？
7. 在今日多元價值充斥的社會裡，涉論追求老子質樸的人生意境或境界，是否太過矯飾或者有如緣木求魚？
8. （尊重）生命為何可視作是生命教育的核心課題？理由何在？
9. 人類生活在世間，是否必然要有返本溯源的追尋意識？不然，又當如何看待自己的出現？
10. 在你看來，原始儒家講「天」，猶太暨基督宗教講「神」、講「道」（話語）、講「耶威」(YHWH：YAHWEN)，雙方可否融通？何故？
11. 從猶太暨基督宗教的角度來看，人類被創造而安置這地球上、這

世界上，他存在的目的是什麼？生命意義又何在？

12. 古印度偉大的覺者釋迦牟尼的人生洞察，有哪些值得今人重視的地方？

13. 佛教常稱的無常、緣起究竟在指涉著什麼？

14. 你認為：要瞭解真正的「佛教」，是否應從它的歷史沿革暨階段性的發展著手？何故？

15. 古希臘的倫理教師蘇格拉底的宗教人生觀為何？

16. 蘇格拉底常言的「無知」，究竟意指什麼？他為什麼經常以此來自我解嘲？

17. 當代西洋的存在哲學思想家祁克果，他究竟如何解讀蘇格拉底這個人？

18. 人的存在於世，是否必須仰仗他力，有如：神、佛、梵天、道或真主……的引領，始能過得比較平坦和安舒？何故？

19. 你對世上的另一個角落曾出現大哲蘇格拉底與覺者釋迦牟尼，究竟懷有何種的感想？再者，你認為：他們各人的人生洞察，對今日我們所關注的生命教育是否具有正面性的啟發作用？可分開詳談，並自作簡評。

20. 請談談他人、世界、它物、神、無神……等之對你、我個人生命自我認知上的影響。又，你目前的生命觀感是什麼？可試作一次自我的描繪。

生命意義的詰問

常言道：人有生，則必有死。既然有生，又何必畏死？生生死死、死死生生，生、死兩者，看來相依又相隨，有如日夜輪替，也像形影相伴，永不分離。

　　人生、人死的情形既是如此，那麼，我們究應對人因為有生而必有死的結果，抱持怎樣的態度？甚者，我們還能從生、死的內在關聯中，瞭解到生命究竟具有怎樣的終極意義？

　　以下，我們想從兩個角度來作個探討，希望能對「人類的生命意義究竟是什麼？」提供一種反面的思考與看法。

從社會上的自殺案例談起

　　談到社會上的自殺案例，筆者並不認為這只是我們所寓居的這個社會必會發生，而其它國家、其它社會所沒有的現象。

　　在人類的群居社會中，存在著各式各樣的生活方式，它們也多能共生並存。就算是死亡這件事，也就是因為有人或為了某種的緣故，或祇是為了某樣的政治理由，或為了家庭關係，或為了戀情因素，或為了健康問題，或為了心理壓力，抑或是由於抗壓力小……等緣由而自殺所導致的死亡情形，也可說是人類社會每每遭遇劫難以遏止的「常態」。

　　據有些專家學者的研究發現，他們認為：一個人對生、死相關的瞭解，以及在面對自己即將死亡時所能聯想到生命究竟帶有何種意義……等，這可和他所依存的文化系統（包括：風俗、民間信仰、宗教教義……）有十分密切的關係。

　　比方說，否決死亡的文化系統，即教示人們應拒絕死亡這個事實與必然性。它的結果就是：人仍會因為有死亡所帶來的悲痛、失望而難以化解。當然，若談到死亡將會帶給人們什麼樣的意義？以

及因為有死亡，人的生命意義又是如何？它則無法提供明確的解答。

而抗拒死亡的文化系統，則教示人們：生命雖是一個不爭的事實，但是，就算人類會有死亡，在人死後也是有彼岸、來世的存在。因而，重視人在生前應如何預作死後的準備，以及對死後應進行什麼樣的迎生儀式……等，便成為這個文化系統的重要基石與特色。

至於接受死亡的文化系統，則教導人們：要逕視死亡即是一種自然的過程，也是一個人的生命週期所必然發生的常態現象。為此，它的結果就是：生活在這種文化系統中的人，總能把臨終和死亡這兩件事融入在活人的生活世界裡，而視它為生命內在不可分割的一部分。

一、死亡心緒

想想：死亡意識暨意義之對不同的文化生活群的人而言，既有如此大的差異；那麼，在某一社會中生活的人，如果碰到前述所列示的死亡「誘因」，他就可能在自己所生存的文化系統中，採取一種可接受的，不然，就是應予抗拒或否決死亡的態度。

這也就是說，一個垂死的，或者企想倚藉自殺來了結自己生命的人，他在意識正常時的心情，總要面臨多種文化系統的衝擊、多樣文化價值的洗禮，以及多種文化教導的啟蒙。

只是，就當一個人一心企想求死或即將面臨自己的死亡時，上述這三種的文化系統究竟能對他造成哪方面的影響？如果從消極面的角度來看，我們似乎也可以說，這個即將面臨死亡或企想求死的人，根本並不在乎所謂的文化系統。或許，他當時很想做的，便是想要能快速離開自己當下的苦境，脫離自己的苦海，脫釋自己的無

助與絕望。

再者，我們也許還可以揣摩一下他當時所可能抱持的一種心緒：他那時的內心，可能會因為憂悽過度，而帶來一片片的空白；也可能因為絕望至極，自覺內心已死，而顯得出奇的冷靜。當然，你還能夠想像：他可能因為受到嚴重刺激而神智不清，或者他是在嗑藥的失神狀態中，或因為失足，或因為在不察之間而貿然走上了絕路……。

二、從死溯回

據載，國內社會近幾年來的社會自殺案，有日漸上升的**趨勢**。而它的主因，則莫不出於不意的天災、地變（如：前述的九二一大地震、桃芝颱風……）、人禍（如：交友不慎、婚變……），以及個人身、心抗壓力的失調（如：過度挫折、求生意念喪失、憂鬱症狀加劇，以及面臨癌症末期的痛苦……）所導致的結果。

針對國內民眾自殺案件的攀高現象，在前些日子，我們多能看到各種平面的或立體的媒體報導、學者座談和書籍的出版，以大肆推闡包括生死學在內的生命教育暨其思想。

其中，最明顯的，莫過於是教育界的耆宿和宗教界的長老，就曾為現今E世代人類的生命觀提供一場的座談會。而，鼓吹尊重自己與他人的生命、強調人文優質的素養、建立群我與生死一體的觀念，以及提議人們能對個人的未來預作生涯規劃……等，便是該場會談的重要主旨。

今日，作為這個社會的一份子，你、我每個人一旦面臨周遭人群懷有不同的生命觀點時，你想：你應採取什麼樣的對應態度？不然，從上述涉談的社會高頻率的自殺案例中，你、我可能聯想到死亡究竟是怎麼一回事？而且，生命又是怎樣一回事？……

在中國古典儒家的生命教育觀念上，我們可以看到，孔子教導的是：「未知生，焉知死。」古代道家的莊子（Ca.350-270B.C./369-289B.C.）教示著：「人之生也，與憂俱生。」「死生，命也。」「死生存亡，……是事之變，命之行也。」

而在中東猶太的基督教宣示道：「按著定命，人人都有一死，死後且有審判。」至於佛教的基本教義，則表明：「生死事大，無常迅速。」以及「諸行無常，是生滅法；生滅滅已，寂滅爲樂。」……

諸如這一切的一切，不論對人的生死，或對萬有的死、生是作何種的詮解，我們不可不知的一件事是：你、我現在正活在語言文字所表出的這個「生」的存在情境中。有朝一日，你、我卻要由於某種的因素（或是衰老，或是染上重症，或是遇上不測事件，或……），而立即撒手人寰，走上一條所謂人生的永不歸路。

就此，你、我是否理應逕對自己的有生、有死之事實，或因爲有了生就必定有死的現象有所瞭解？我們會作這樣的提問，它的目的之一，自不在強調你、我實應對人死後的情況要有怎樣清晰的理解？反而是，要從你、我之有必死的情況立即溯回，以協助我們自己去重視當下生命的存在意義與存在價值。

像有學者 如：柯斯登堡（Koestenbaum,1976）即表示：認識死亡，對於瞭解人類生命的意義是相當的重要。像他的觀點，便指出：一個能接受死亡將降臨到己身的人，他就能從自己將來的死亡溯回，而預先睹見自己，以及見到自己的生命意義與價值。這也就是說，死亡可讓當下的你、我每個人，看到自己曾作過而擁有的重要成就。死亡，提供了你、我去作出重大抉擇的力量；死亡，供給人們反面的思考而可評斷生存的寓意；以及死亡更能豐富你、我個人的人生經驗……等。

而無獨有偶，西洋當代的哲學詮釋學大師海德格（M. Heidegger, 1889-1976），則早就作過這樣的強調：預覺個人的死亡，便能夠影響和決定一個人下一時刻的生存意識與存在的行動。

當然，在海德格看來，一個人的生命之有否終極的意義——他稱之為「存有意義」——這可決定在他能否把自己死亡的預前理解，納入他在當下每一時、每一刻所作的理解行為與生活行動中。

總括的說，自然的死亡（在此，我們強調的是：一個人因其生理器官的自然老化與衰竭所造成自然的死亡），或有生即有死，是人天生的「命定」或「定命」；這無不是任何一個人，包括你、我在內所必須認知永不可逃避的大事。

至於非自然的死亡，包括：天災、地變、人禍，或個人自己的加工……等所造成生命的夭折、猝死或橫死……，這可是一種人間的悲劇，而不是一個如天有其「好生」之德的人所願意樂見的事。

在此，前述孔子的「未知生，焉知死」的關切生前或生命之言論，顯然有助於你、我重視自己的生命的意義與價值。至於基督（宗）教的定命暨審判論，或者能提供你、我在思想上穿梭於生、死兩界域；而且，更可教人審慎瞭解「生命」的實質真相之究竟，以及一個人的生、死之與其死後的生命——「來生」、「來世」——的內在關聯……等。

從學理上反思死亡的現象說起

既然死亡是一切生命個體（包括：我們人類在內）所無以規避的命定或定命：在此，作為一個活人的你、我，顯然就有義務去探討和嘗試瞭解此一攸關我們每個人當下的生活步調，以及未來的生涯規劃的「事物」。

我們逕稱死亡之爲命定或定命每個人的生命的「事物」（東西），當是基於死亡現象，原是依附於每一有形的生命個體上的可能性而立論。

　　是以，所謂的「從學理上反思死亡的現象」，說穿了，它就是在一般的經驗上可睹見有人死亡這個客觀事件之外，而從思想上、觀念上（或者說，是從個人的內覺、直觀上）去探討一個人之有死亡的想像、死亡的覺察、死亡的預知、死亡的思維、死亡的意識、死亡的恐懼、死亡的不安、死亡的退避、死亡的無奈、死亡的接受，乃至死亡的「期待」……等。

一、兩項假定

　　簡要的說，從學理上反思死亡的現象，則必須注意到以下這兩項假定：第一、人是否只能活一次呢？第二、人能夠存活許多次（或無限次）？

（一）人只能活一次！

　　如果從人只能活一次的角度出發，則一旦思考人的死亡現象，便可能產生這樣的結果：人既然只有一次的生命，即帶有肉身在世的個體生命，他將因爲自然或非自然的方式而死亡；而這，即是一項命定，也是一種的定命。

　　爲此，如何看待自己將來的死或隨時可能的死，以及由之反溯，睹見自己因爲有死之可能將至而造成有限的生命的意義與價值，便彌足珍貴，而值得人們格外的珍惜。主要的理由是：人只能活一次！

　　在此，我們之強調「人只能活一次！」的生命，是彌足珍貴，也值得人們格外的珍惜；那是因爲：正活著之時的你、我，乃能夠自由自在的隨心所欲，去做自己想做的事，以及去經驗自己想經驗

的人生諸事物。這時，活生生的經驗，以及最具體的存在感受，當是最教人刻骨銘心；甚至，總是令人樂不思蜀。

試舉一例來說明。在幾年前九二一大地震之時，台北地區有一棟大樓倒塌了。據報導，該大樓之所以倒塌，一者，因其屋齡較久；二者，聽說進駐的住戶曾為了營業而改裝內部，而導致該樓層結構支撐的改變。結果，在這次大地震來襲中，該棟大樓的一至四層在瞬間塌陷地底，使得近百人當場喪生暨失蹤。

正當救難人員聞風抵達現場時，眼見該大樓樓層已塌得不成樓形，且不知尚有多少活人仍深陷瓦礫。當中這時，隨著時間一點一滴的流逝，從報導中，我們都可看到眾人焦灼的目光，沒有不聚集在傾頹殘敗的廢墟上。此際，一些心急如焚的家屬，有的已然淚流滿面，有的是泣不成聲。當然，有的更是驚恐未定，魂不守舍地以為是世界末日。

而當一具具扭曲不成人形的死者被抬出現場，出現在螢光幕前，這時，人們的眼神，想必總能看到依依不捨的淚光與被命運玩弄的無奈。

顯然，會關懷那悲愴的受難者，在此間，已成了你、我，或一切相識、不相識的人的共同語言。那些活著的，即歷經大難不死的人，總在慶幸自己的幸運，是有上天、他個人信仰的真神或神明的庇佑。至於那些已罹難的死者，人便以為這是他個人的不幸，也是他的大限提早的到臨。

最後，最教人心跳加劇的時刻來到了。記者報導，在前述的塌樓中，有一位年輕人甫從瓦礫堆中被順利救出，正用吊架從深陷地底的位置被移到了地面。這時，所爆出的群眾歡呼聲，可謂此起彼落，大家好不振奮。看來，這個年輕人似乎毫髮未傷；只是，臉上卻顯得有點倦容。而最教人矚目的一刻，是我們聽到他說出個人心

中最想吶喊的一句話：

「活著，真好！」

是的，「活著，真好！」這句話的背後，你可曾想到：它豈不承載著一項假定、一種認知──「我只能活一次！」

的確，如果他是我的話，那時的我若喪失了生命，我當然便不在這世上了；我也就無法親炙一些親情、友情、感情或戀情……。

再想想：在人間事物中，有什麼可比最親近我們自己的親情、友情、感情與戀情……呢？以及有什麼可比你、我使用自己的心力，一點一滴建構起自己的家園、事業、工作、興趣、人際關係與理想未來的王國？這一切的心血與努力，總是出現，乃至實現在你、我仍保有僅有一次的生命時程中。為此，你怎能不珍視它們？不貴重它們？

是以，人只能活一次的生命（肉身生命）設定，既然能帶給你、我有如上述的生活經驗；想必，它就必能給予我們有關生命意義的覺知和體悟：務必重視自己，也重視他人的生命，從而以關切人我的心情和願力去建立你、我的生活世界；這可是掌握個人自己的生命意義與價值的最高表現。

（二）人能存活多次！

如果從人能存活許多次（或無限次）的角度出發；那麼，一個人一旦思考人的死亡現象，自然就會產生下述這樣的後果：

有人總會這樣盤算著──人既然有多次或無限次的生命，那麼，就算今生今世是一個不如意的生命，他會說：沒關係，我還有下一輩子、更有下下輩子的生命呢！為此，一個不從個人肉身真實體驗的角度以看待自己個體生命的人，他很可能就以一種想像或幻想以構思他將有無數肉身的生命；而且在不知不覺之間，就輕忽了他當下所正擁有實在生命的重要性及不可替代性。

談到為何有人會相信：他本人在下輩子或下下輩子將擁有另一種形式的肉身生命，就如同現在他所擁有的那個個體生命？在我們看來，能夠提供這種思想之助力的，一者，應是來自中國道家老、莊哲學思想中的道的反覆或循環觀；像老子就說過：

反者，道之動。

《道德經》，第40章

又說：

萬物並作，吾以觀復。

同上，第16章

而莊子則指明生、死一體；像他就說：

生也死之徒，死也生之始，孰知其紀！人之生，氣之聚也；聚則為生，散則為死。若死生為徒，吾又何患！故萬物一也。

〈知北遊〉，第22

又表示：

孰知生死存亡之一體者，吾與之友矣！

〈大宗師〉，第6

另一者，可能就是來自宗教中的輪迴思想。談到輪迴，想必我們該當知道：從人類世界的宗教暨哲學的發展上，可以看出，在古早的時候，就出現有所謂生命輪迴的思想。像古印度的吠陀宗教（即：後來力主泛神論的古婆羅門教；該教在後來的革新和復興形

式，便被視爲所謂的「印度教」），以及古希臘的哲學家蘇格拉底和柏拉圖等人，便多有輪迴思想的主張。

尤其前者，即古婆羅門教，據傳，它影響後來大乘佛教時期（時間約在西元前100年－西元後100年）的佛學思想，而有所謂六道輪迴的觀念暨學理的產生。

而說到蘇格拉底與柏拉圖的輪迴思想，從史料上看來，我們將會發現：他們師徒二人都相信人有前生；並且認爲，人之所以在世上爲人，是因爲他有靈魂（按：住過前世），這個靈魂和肉身結合才成爲他這樣一個人。先前我們已提過的蘇格拉底，他就是這麼一個奉公守法、熱愛眞理，又肯用心思去追求人生至福的哲學家、倫理教育家兼社會改革家。

只是不同於那些誤解輪迴（按：希臘哲學義）的，即把自己的生命輕易浪擲在荒誕的生存認識上，而又一味期待自己有另一次或下一輩子的生命的人，蘇格拉底則頗爲忠誠於「存在的」自己的認知，並且誠摯地相信：在他世上的生命結束之後，他的靈魂便會回到前世，而恢復靈魂本身它那自由無拘無束的生活。

他的弟子柏拉圖，也無不是如此。相傳，一生一世不斷在探討眞理，並且更傾他所有的想像、思辯能力，去構想觀念世界所蘊藏的一切美好事物（包括：什麼是理想的個人？愛情？社會？國家？法律？正義？與精神世界？……）的柏拉圖，在他的晚年，則不斷有冥思和祈禱的動作。

因爲，他一心相信：人只要存活著一天，就必須好好善待自己的靈魂一天；而且，一個有聰明智慧的人，當他還有生命存活在世的時候，就必須學習去面對自己的死亡（death），並且學著如何去垂死（dying）。這也就是說，在柏拉圖看來，所謂能習行死去，才是人間一種的大智大慧。

看來，上述從人有多次（或無限次）生命的角度以反思死亡現象，雖然會有不同的結果產生，但它畢竟是強調「輪迴」的存在。不過，一旦扣緊輪迴這個課題，而藉以探討人的生命意義究竟為何之時，顯然，它所呈現的疑難，可要比前述那設定「人只能活一次！」所碰到的問題還大。這個大問題是什麼呢？就是：除了個人自己最具體的存在經驗之外，人如何能確知他曾有前世與來世？

　　說到確知，即確切的、確定的、確實的知識或認知，其實，就學理的探討角度來看，它仍不出個人的經驗感知和理智（理性）判斷。

　　而談到什麼是人的經驗感知（又作：感官經驗）？什麼是人的理智判斷（又作：理性推理）？這在東西方學術的殿堂中暨論辯舞台上，有關它們的討論與說帖，則曾經喧騰過一陣子；至今，據聞仍未塵埃落定。何況，分別奠定在人的經驗感知與理智判斷上的各種學說理論，也是五花八門，莫衷一是。

　　至此，反思：什麼是「輪迴」？什麼是「前世」？又什麼是「來世」？我們也祇能說，諸如這一類語彙所涵示的語境或意境，無非是難以使用人現有的有限經驗與有限理智去參透、明瞭究竟。因為，它是奠定在某人（或某學派）的獨特的信仰，或一廂情願的直覺假定，或僅具可能性、蓋然性……等性質的組構上。

二、評估

　　換句話說，從人的受造性（參前）、有限性之角度來看，如果有人一味以篤定的認知（其實，可能是一種假知、幻構或謬信），冒然接納人有多次或無限次個體生命的輪迴思想，而為此輕忽個人當下真實的存在與責任，這很可能為自己鑄成千古的遺恨！

　　君不見，就時下年輕的E世代的生命觀，我們可以試問：你或

妳到底瞭解生命有多少？你爲何接納人的生命有所謂的「輪迴」的可能？尤其，我們更可質問那些稍遇不如意（畢竟，在他們看來，也許就是天塌了下來或世界末日……那樣的大事件）而動輒想自殺的人，他們當然希望在下一輩子有一個新的、如意的世界，好讓他重新做人），你對自己瞭解有多少？包括：生命與挫折、生命思想與諸事不順，以及生命意義究竟涵指著什麼……等？

想必你、我探詢的結果一定是會叫人大吃一驚。因爲他（她）會跟你說：「我什麼都不知道！」不然，就是：「我認爲生命是這樣，是那樣。（只要我喜歡，有什麼不可以的呢！）」而進一步的追問，有的人甚至會對你這樣表白：「因爲我相信，所以有來生，有輪迴；如果我不相信，就什麼都沒有！」……

總括以上所言，「人的生命意義是什麼？」這個問題，確實造成人們相當的困擾。更不用說，今日E世代的年輕人，更是學得一頭霧水。好在從生命的完結（即死亡）與自我破壞（即自殺）此二角度的反詰，可以讓我們知道：存在的生命是和完結的、破壞的，即不存在的生命相對立與相背反的。

談到存在的生命，自然而然，就可將它牽連到生命的意義而對「生命的意義是什麼？」來做實質的探討。反之，說到不存在的生命，即指一個沒有生命在世的人，就此，要來涉談何謂生命的意義，根本就是無的放矢、緣木求魚，永不可能。

就因爲生命的存在，即個體的生命，或一個人的生命存在與否，決定了有關生命意義的探討；你想，生命意義對一個正存在的活人而言，是何其的重要，何其的莊嚴。不然，它就不會成爲當代西洋的人文社會科學暨存在（主義）哲學思想界之涉論：「人的存有（存在）與意義孰者優先？以及人的存有意義爲何？」的核心主題。而且，再不然，它也更不會成爲今日的我們之研討及推展生命

教育的終極關切。

認知評量表：問題vs.回應

1. 人的生、死，是否有如日、夜輪替般的自然變遷？不然，人的生究竟顯示了什麼樣的特殊涵意？

2. 否決死亡的文化系統，教示人們什麼樣的死亡認知？

3. 抗拒死亡的文化系統，如何看待人類的死亡現象？

4. 接受死亡的文化系統，怎樣詮釋人的生活現象？

5. 你（妳）認為：上述（2-4題）的三大文化系統，對一個正瀕臨死亡的人究竟會產生什麼樣的影響？

6. 憂鬱症是否可單靠藥物予以完全的控制？不然，是否還應當給予其它的輔助措施，以便對病情的治療作出較佳的改善？如果需要其它方式的輔助，在你看來，它又會是什麼？

7. 現今，隨著國內經濟的不景氣，大量資金外移，人民失業率的攀高；再加上政局的暗流潛伏，生態危機又加重……；許多人的生活水準下降，社會抗壓力也愈弱。……在你看來，生活在煎熬中的你、我，應有何作為始可「九死一生」？即在所謂的經濟社會之夾縫中以求生存？

8. 推闡生死學思想與生命教育應如何連結？尤其前者，你到底瞭解有多少？

9. 孔子曾言：「未知生，焉知死？」；在你的認知裡，孔子的這項言論，到底想表達什麼樣的人生真理？

10. 常言有道：「先置之死地而後生。」這句話和「生於憂患，死於安樂。」這句諺語的精意，是否可作一種聯想？而你又作何種的感知？

11. 對你而言，當你在作個人的生涯規劃上，是否會把自己有朝一日

的死考慮進去？如果有的話，你在什麼情況之下，會有預立遺囑的動作？

12. 你認為：從人人所不可規避的死亡「溯回」，以反思個人當下的存在作為（包括：個人對某件事物的觀感、決定……），這種預前認知死亡的現實生活方式，是否有助於人去正面看待自己生命的意義？以及正確評估自己對死亡應有的態度？

13. 就你所知，西洋自古以來有哪些思想家，曾討論到死亡之對他逕作哲學的人生思考有莫大的助益暨啓發？

14. 一般人常言：「一樣的生，百樣的死。」你對此言有何感想？又，你可否想到：為何世上有所謂的天災、地變與人禍，而且自古以來即互續不斷？箇中原因，究竟何在？

15. 「前生」與「來世」的存在，究應從何理解起？是靠經驗的認識？理性的推斷？玄秘的直觀？高人的指點？還是人類有限認知上的一種假定或信仰……？

16. 「死亡」是什麼？它是一種客觀的事件？是一種認識上的對象？抑是在人（或一切生命個體）的存在中潛藏的一種可能性？請就你所知，而作一種逼真的描述。

17. 「人只能活一次！」或「人能存活多次！」這兩派言論，你是站在哪一方？請就你的根據試作一申論。

18. 「活著，真好！」它透顯出的意涵，和輕易的貿然自殺顯然形成強烈的對比；就此，生與死的不同之能夠帶給你怎樣的感想？

19. 愛在面對生、死交關的情境中，可以產生什麼樣的作用？可從《羅密歐與茱莉葉》電影情節的演變來詮解。

20. 親情對一個人之維繫其個人生命意義的瞭解，究竟發揮了怎樣的功能？

21. 人在世上的生活，一旦欠缺友情與感情的滋潤是否依然能健康、

茁壯？應作如何的自我調整？

22.已立立人、己達達人的儒家經訓，對尊重自己與看重他人的生命，究竟能否產生積極的功能？

23.你認為：基督（宗）教的愛人如己和佛教的慈悲濟世，對今日的生命教育學程，能提供什麼樣的啓發？請分別探討之。

24.「人能存活多次！」的主張，依據是什麼樣的哲學或學理？實情豈是這樣的嗎？又，如果實情是如此，一個懷具這種人能存活多次之心理（信念）的自殺者，在將來可因為他生前的那種堅持有另一次生命的信仰，而可再次復生？不然，應作何詮解？

25.你認為：中國道家莊子的哲學，是否蘊涵有所謂的輪迴轉世的思想？何故？

26.請談談古婆羅門教（印度教的前身）的輪迴觀之對佛教思想的影響。

27.請談談蘇格拉底與柏拉圖這兩位古哲之對生命的見解。

28.一般宗教多勸人愛己、惜福、行善，但也有宗教卻鼓勵人們捨己、棄世（甚至加工自殺的方式）以儘早進入彼岸。就此，在你看來，如果你要「選擇」宗教來求得個人的安身立命，你想：你會提出怎樣的認知宗教的標準？

29.存在的生命，應是優越於、可貴於不存在的生命；依於這樣的詮解邏輯，你認為：就你個人的存在經驗，你這千載難逢才出現的自我存在暨自我體認，是否必須以非常嚴謹的心態和認識去對待？答案如果是正面又肯定的；那麼，你是否因而會更加珍惜你現有的一切？也更加積極地重新為你作出一個新的定位？

從認識自我生命到
存在意義的開展

既知生命的可貴是在於它現實的存在，而不是不存在；而且認識自己的生命意義，並瞭解自己的生活目的，是人之有別於其它生物、其它動物的重要天職；就此，你豈會自甘墮落成一個祇以「本能」或「感覺」來驅使你的肉身需求，而不會運用你的天賦資能（按：包涵理智；儘管是有它先天的限制，以及各種主、客觀條件的轄制），去輔正你的本能或感覺？

　　或者在你碰到人生中的大挫折或個人生命上的大創傷，而不會動用你的理性知能去設法解決，而或只會如同駝鳥般的自我退縮，或者想以自殺的方式來了斷自己未來的生命……？

　　如果你能放聰明一點，肯退一步稍稍冷靜下來；那麼，就必能從中理出一個頭緒。並且，知悉整個問題或整個事件的來龍去脈，而知所因應。

　　再想想，人生之中的一切酸、甜、苦、辣，或一切的名、利、財富和美味……等，有哪一項能比得上己我當下生命之存在的無上價值？

　　我們這般的講法或這樣的認知，想來，是有它普世性的共識與價值。不然，在中國儒家的身體哲學上為何會有這般的主張：「身體髮膚，受之父母，不敢毀傷，孝之始也。」在西洋當代法國的哲學家梅洛‧龐帝（M. Merleau-Ponty, 1908-1961），則重視身體其生物性生命的機能與活動。

　　至於在基督（宗）教的《聖經》言論裡，也有這麼一段的記載：

不要為生命憂慮，吃什麼，喝什麼；為身體憂慮，穿什麼。生命不勝於飲食麼？身體不勝於衣裳麼？你們看天上的飛鳥，也不種，也不收，也不積蓄在倉裡，你們的天父尚且養活牠。你們不比飛鳥貴重得多麼？……何必為衣裳

憂慮呢？你想：野地裡的百合花，怎麼長起來，它也不勞苦，也不紡線。……所以不要憂慮；……不要為明天憂慮。因為，明天自有明天的憂慮；一天的難處一天當就夠了。

馬太六：25-26、28、31、34

以上的事例，無非是強調著：雖然每一個體生命本身，總伴隨它的憂慮與難處；但是，你可要知道，有了生命，就仍有希望在。有了生命，就應有價值存在。有了生命，就會有意料之外的恩典存在。

在此，問題就是：只要你肯「相信」，相信你仍是活在恩典之中，有被呵護著的；你並不是被孤伶伶棄置在這冷漠的世界裡……。

因為，即使你再怎樣的諸事不順，再怎樣的倒霉透頂，或再怎樣的前途無望……；這時，只要你肯用心思忖，細加揣摩昔日你曾安享過的天倫溫情，或者多加回味你在飽滿時曾施捨他人的那一刹那，抑是決心敢於敞開你久已塵封的心扉，迎向所謂信仰者一直日沐恩寵的超越世界、神性世界。那麼，想必你就將驀然發現：

「活著，真好！」

「還好，我並沒有糊里糊塗，隨意浪擲生命，而鑄下千古的遺恨！」

以下，我們將從認識自己——「活著，真好！」——這個珍貴的自我生命出發，試著探討：什麼是「存在意義」的開展？僅從兩個角度談起。

什麼是你、我的存在？

論到你、我的存在，即每一個個體生命的存在，我們認為，如果能扣緊前述「生命教育」所關涉的一些課題，有如：跟每個人的心思意念與行止息息相關的自由、命運、契機、時間、可能性、自我意識、責任、心緒、愛戀、情誼、知識、抉擇、溝通、成敗、喜悅、憂愁、痛苦、金錢、工作、婚姻、分手、享受人生、付出和信仰……等而有所闡析，並提供人們所應懷具的基本認識；想必，這定有助於由功能性的（而非實體性的）觀點，來詮解並把握你、我之作為擁有各自的個體生命的存在真相。

在此，先要作個補充的說明：我們之採取功能性而非實體性的觀點以探究你、我的存在真相，它基本的出發點，當是奠定在這樣的一個認知基礎上；即你和我都是一個具體的、個別的、分立的，而不相互隸屬的生物個體。

就因為人存在的實況是如此，說穿了，你、我誠然是難以真正（被）探討，並可理解對方的。尤其，彼此的內心（心靈）世界，就是這樣。

除非設定有一位能洞悉你、我每個人的身、心世界的超越者——從宗教的角度，可稱之為「真神」或「終極實在」——的存在；就此，祂應是一位能既在人的存在世界之中，又能在人的存在世界之外，而全然觀照並掌理人間世的一切事物的權能者。

的確，祂一旦擁有全在、全能又全知的屬性，祂自有充分的資格，可以由實體性的觀察角度來統觀一切、理解一切，並裁定一切。

至於你、我，因為都是受到命運轄制的凡人；為此，我們僅僅能說：一個凡人衹可從功能性的認知立場，去認識並理解他想理解

的一切事物。此中，當然包括了我們在先前所指述的你、我，作為
生物個體而擁有各自生命特徵的存在的真相。

以下，我們分別擬就一般人所常在運用而不見得就有充分瞭解
的「自由」，來談談：什麼是自由？以及自由之與你、與我的存
在，究竟是有何種的關聯？從而，以認識並試著理解我們人的存在
真相。此其一。

其次，還將探討時間，即我們每個人的生活作息所經常倚賴的
鐘錶時間的真相。由於人們往往因大意或失察而喪失所謂的第一時
間的重要契機（機會），以致釀成個人在生涯規劃、在工作、在事
業，或在其它事物上的失策。是以，我們誠然有必要去瞭解時間與
每個人的存在或與每個人的存在意義的內在關聯性。此其二。

最後，如有可能，我們將會另闢篇幅，儘量涉獵諸如：可能
性、責任、婚姻、愛戀、知識、抉擇、溝通、憂愁、成敗、工作、
金錢、分手，以及信仰……等這些攸關每個人的生命活動，以及由
生命活動所展現出的生命意義暨存在意義。

一、自由的真相──有限的自由

首先，來談談自由：什麼是自由？

（一）一般學者的見地

說到自由，這可是一個人之所以為人，或人之作為有生命、有
意義、有精神力、有思想、有所謂的創造力與智慧的人之得天獨厚
的所在。

每個人都自稱他有自由；這也可以說成：人是迥異於一般的禽
獸，或有別於其它動物的特質之一。

像在我國的民初，教育家蔡元培先生便指稱：

自由者，美德也，若思想，若身體，若言論，若居處，若職業，若集會，無不有一自由之程度。若受外界之壓制，而不及其度，則盡力以爭之，雖流血亦所不顧，所謂：「不自由毋寧死」是也。

又說：

所謂自由，非放恣自便之謂，乃謂正路既定，矢志弗渝，不為外界勢力所征服。孟子所稱：富貴不能淫，貧賤不能移，威武不能屈者，此也。

《蔡元培教育論集》，摘引自《人生哲學寶庫》，北京：中國廣電出版社，1992，頁212

　　從以上的引文看來，蔡元培的自由觀，自無不顯示在：他把自由當成一種的美德，是一種攸關一個人的心志與正確行動，甚至人可為之流血、犧牲以確保它的難得之珍物。

　　古希臘的哲學思想家兼政治家亞里斯多德（Aristotle, 384-322B.C.）就曾表示：

每個人都應該對其他人負責，而不應當允許任何人只按照自己好惡去行事。如果有的地方允許絕對的自由，那麼，這些地方便沒有任何東西能壓制每個人身上與生俱有的邪惡。

《政治學》，摘引自前揭書，頁219

　　由這短短的文句可以看出，亞里斯多德係認為：每個人並不是一個完美的個人；因為，他帶有與生俱來的惡性——想想：他的這種論調，跟我國先秦時代的荀子（CA.298-238B.C/310-213B.C）所提倡的「性惡論」是否有異曲同工之妙？——而就在這個前提下，

他是堅決反對所謂的人有「絕對的自由」，即有一種只顧自己的好惡而不顧其他人的感受與權益的假自由。

我們再來看看近代英國的一位知名的政治思想家洛克（John Locke, 1632-1704），他是怎麼論說自由的。他說：

> 我認為，談意志是否自由的問題是不適當的，而談人自由與否才是適當的。……一個人只要具有了由自己的思想決定行動與否的能力，他就有了自由。因為，我們怎麼能想像一個人沒有按照他自己的意願行事的能力而又是自由的呢？

> 一個人的自由，只能以其所意欲的為限，我們無法想像能有比這更自由的。因此，各種行為如果是在一個人的能力範圍之內；那麼，他便得到了最大限度的自由了。

又說：

> 如果沒有自由，則理解完全無效；如果沒有理解，則自由（如果有的話）全無意義。……

> 因此，自由的首要功用，就在於能阻止盲目的倉促動作。自由的主要用途，就在於張目靜立，四面察看，並且按事體的重要性來考究我們所要做之事情的結果。

《人類悟性論》．卷二：摘引自前揭書，頁223、222

由以上的摘述裡，我們可以知道：洛克無不肯定自由的價值，並且肯定自由是與理性、冷靜、理解……相關，以及還強調自由是一種「有最大限度的」自由，而不是了無限度的自由。

綜合以上所述，我們由此應可建立一種攸關自由的共識；就是：「自由」，當是你、我生來即被賦予的一種任事行為的能力，

盡己做人的美德，以及一般可去追求並力圖實現自我理想的動能。

（二）沙特式的自由觀

不過，曾幾何時，當代法國的文壇就出現了這麼一位「語不驚人，死不休」的怪傑—— 高言闊論無神的存在主義者沙特（Jean-Paul Sartre,1905-1980）。對於自由，沙特絕不避諱；他反而鼓吹：「人是被判定為自由的人。」

有誰來判定人呢？不是神、佛，也不是天、道，而是他自己。或者也可以說，人是被他自己的存在所判定。像談到自由的人與他未來的關係是什麼？沙特在1946年所發表的一篇文章—— 篇名叫：〈存在主義是一種人本主義〉—— 中，就很教人玩味的說道：

> 人是自由的，人就是自由。如果認為神知道人的未來是什麼；那麼，連未來都談不上了。人是人的未來，他孤伶伶地一個人用他的行動去創造他的未來。

從這裡，顯然可以看出：沙特是一個極端反神論的人本主義者。因為，他否定世上有神，更遑論祂是世人生、死的主人，是人類歷史未來的主宰。

沙特之作為一個無神論的思想家，他在當代西洋的文壇上曾叱吒風雲過一陣子；死後，也備極哀榮。傳聞，當時（八十年代）追悼他的行列，有使巴黎大城一時為之萬人空巷的議論。因為，將近有五十萬市民為他送別。

為何沙特這位也作為存在主義的代言人兼力倡自由、解放的行動主義者，如此有魅力的受到時人的矚目？主因想必是：他思想的特異、奇突、辯證與多元。

特別是，他關注到文學、創作、社會、心理、政治……等領域。而他一生構思與立論的基調，可以說，就是：自由、自由、辯

證，又辯證。在1960年代的沙特，因為跟馬克思主義的思想家過從甚密，而導致了多方的評論。至今，有關他著作思想的研討，也成為學界人士關注的主題之一。

此間，我們想要涉論的是：從沙特式的自由觀到一般人的自由觀，到底已為我們人類的生命意義暨存在價值，提供了怎樣的思考資料？

首先，我們要談的是：沙特式的自由觀，究竟給予了我們什麼樣的自由知識？簡要的說，它是一種極其肯定自我現實的存在，非常強調人的意識的自由行使。當然，它還主張：在無神統御你、我的前提下，我們每個人都要為個人自己與為其他人（亦指全世界）有所「負責」。

在此，尤須一提的是，沙特的自由觀所包含的「負責」的意思，當是指：作為擁有精神、意識的每一個人，都意識到他本人即是某一件事（物）的製造者，而不像一般的道德論者所提到的，即：你、我該為自己所作的某件事受到應有的賞罰，或要有交代、要負道德上的責任……等。

為此，可以事例來補充說明：不管你考量了某種可能的情況，而後採取了某樣的立場（態度），或者因為對自己生存環境的不如意而選擇自殺一途；這在沙特看來，它就是一個為自己負責、為自己作選擇，或為自己作設計的自由行動。它祇與自己相關，而與其他人毫無關涉。

我們從沙特式的自由觀，可聯想到一般人所採取的自由論點。後者，雖然具有多元性的傾向，有如：在國家法律的保障下，每個人都應享有他該有的人權與自由……等。只要別人的自由的行使，不觸犯到我個人的人身自由；那麼，就在法律的範圍內，我就能夠充分行使，並發揮我所享有的自由人權。

有些人卻在有意誤解自由的真諦下而濫用自由，並且使個人自由意志的行使，成為他試圖鋌而走險，並遊走法律邊緣的一項工具。甚至，有些時下的年輕人更仗恃「只要我喜歡，有什麼不可以！」的蠻橫行事原則，甘於觸犯社會的善良風俗、國家的法律正義，而沾沾自喜於自己是所謂生命桎梏的解放者，或時代前衛思潮的締造者以自居……。

（三）相對的絕對自由

總之，有關一般人的自由觀點，除卻以上的列舉之外，想必，仍有許多尚未浮出檯面的自由「作風」，以教人咋舌稱奇。只是，不論今人或者時下的年輕人，對於自由是採取怎樣的看法或認知，我們總應從基始瞭解到：你的自由或我的自由，它絕不是一種毫無轄制、全然不受任何限制的自由。

至少，如果不從社會風俗、道德指令，乃至國家法律的角度來說，單從你、我之作為每一有限存在的個人，每一有限生命幅長的個人的角度來談，我們一般人的自由，即受到個人自己的心理的認知、意識的指向、生理的活動，以及好惡的表現……等所牽引暨左右。

再者，儘管有人堅稱：我的意識，就如同我的思想，可以自由馳騁，可以不受限制的指向；但畢竟，這仍祇是個人內心內在的作業，內在意向的決定，而不是他外在真實行動的實現或操作。

我們作上述的區隔，當不外想意指：思想與行動，原是有它們的差距。而，人的自由意識與人的自由行動之實現（行使），更是有它們在時、空間中的間隔。

自此，我們就想明示：什麼是自由的真相？它的答案應是：有限的自由。這也就是說，你、我每個人的自由，其實，將因為你、我每個人有其自身的生命的限制，而呈現出有限的自由。

所以，一旦有人問到：你、我的自由是真正的自由嗎？我們就可順勢而言：你、我的自由，可不是絕對的，而是相對的自由（因為，你要面對的是別人，是你所居處的世界中的某一事、某一物……）。

　　自由，不是永無轄制，而是受到限制的自由。自由，並不是完全可用個人意志去行使的自由，而是個人受到若干主觀（如：個人的好惡、性向……）、客觀（如：他人的意圖、外在的環境……）等條件的牽引的一種自由……。

　　只是，如果有人試著想折衷上述這兩方論點，而企圖指述：人的自由，本是兼容有絕對的與相對的因素，或融合了無限的與有限的性質，或伴雜了主觀、客觀的條件……等諸種要素，我們則想退一步說：人的自由，頂多祇可稱作是一種「相對的絕對自由」，而非終極或究竟的絕對自由；是「有限的無限自由」，而非終極的或究竟的無限自由。

　　是以，我們似可循此而試著解讀前述的沙特式的自由論，為何可容忍一個人之為自己所作的自殺的決定，以及藉以論定它僅是一種個人一廂情願的自我認知——為此，而可能忽略了他個人的能力所無法真正肯認或否認的「完全的祂者」（The Wholly Other），即宇宙中的真神的自由意志的行使：祂將來會賞罰我們世人一切好、壞的行為。

（四）　跳脫以「人」為本位來思考的危殆

　　我們之所以懷具上述的看法，當不外是基於對沙特式的自由論有如此的評價：他認為一個人可充分行使他個人的意識與自由，而且有能力完成了斷自己的自殺行為；但是，就我們所知，沙特所強調的這種個人的絕對意識與絕對自由，也只不過是一種相對的絕對自由、有限的無限自由（有如：人就無法因自己的行使自由的意識

與自由的行動，而叫自己永不死亡。因為，人不會不死；所以，從人不會不死的角度來說，他的一切的自由，都是相對的、有限的）。

又，既評沙特式的自由，因為忽略了個人的能力所無法真正去肯認或否認那「完全的祂者」（按：可視之為「位格神」）；自此，一個人在不知天高地厚的情況下，也就是無視於天外可能有天、人間世之外可能有真神存在的情形下，而貿然自作主張，自己要決定自己的生命前途，那可能會是人生的一大敗筆。

否認有神存在的沙特已死了，不信神的尼采（Fr. Nietzsche, 1844-1990）也死了，全世界卻有無以計數的人，依舊信仰著沙特、尼采他們所咒詛的上主——萬有與人類生命的主宰。

就是基於絕大多數的認同（共識），再加上不少人玄深的秘契經驗，少數人主觀的好惡，總是難以撼動絕大多數人深刻的堅持暨認知：你、我生命的終極主權，可不在於我們個人有限的自由意識與相對的自由決定，而是賴於那依然有待世人努力去察知、去驗證的那位「全能者」、「終極實在」，或前述的「完全的祂者」。

就此，若你想指稱：這是一種想像，或是一種認知上的設定；這也無妨。因為，正如同有人不信真神（按：人類生命的主宰），而執意單憑個人的自由心證去行使他所肯認的自由行動；就此而言，它也無不是立基於一種的想像、一種的設定。

總之，人對個人自由的提出，且設定世上有神或無神⋯⋯等，這無非都是作為受造的、有限存在的你與我，在經營自己的生命或生活上所作的一種「思想上的假設」。這種「思想上的假設」，可從未觸及到「實際上的真實」。

想來，這「實際上的真實」，無非是今日人類的科學、哲學與宗教（神學）⋯⋯等，所一味想探討究竟與徹底理解的終極對象。

例如：有言論指出了人類探索一切（包括：生命、宇宙……）可能性的不同結果。它總是被劃分成兩大類：其一，是懷抱著希望的願望型；其二，則是充滿幻想的憂慮型。這一則言論，是這樣子的：

在可能性中，一切都是可能的。因此，在可能性裡，一個人可能在萬條道路中迷路。不過，實質上，仍可類分成兩種：其中的一種，是願望型；另一種，則是幻想的憂慮型。

前者是希望；後者則是憂懼。在童話與傳奇裡，經常說到這類的故事：一位騎士，在不意間發現了珍禽，他不斷的追逐。剛開始時，好像伸手可及；但是，牠飛了，他再追。

情況一直沒有改變；最後，天幕低垂，他已找不到同伴，迷失在曠野裡，也找不到歸途。耽迷在願望中的可能性，便是這樣。

耽迷者無法召回可能性，使它歸返必然性。他不斷的追逐可能性；至終，便找不到歸回自己的道路。而耽迷在憂懼中的可能性，卻藉同樣的途徑，達到反面的結果：耽迷者以憂鬱的愛，追求（它的性質是）憂懼的可能性。

這個可能性，終於將它帶開，使他離開了自己，而導使他在憂懼中毀滅，或毀在他所駭怕能滅亡他的事物裡。

《死病》・第一部，祁克果著

上述這一則寓意性的言論，可教示了我們什麼呢？它教示我們：要你、我能跳脫一切總以「人」為本位的主觀思考，而應輔以

批判人的有限經驗、有限理性、有限存在的超越觀點，去看待那相對的絕對自由意識所帶來或呈現的兩極化的思維世界：一是人類自我所認定而具有希望或願望型的世界觀，另一是人類所幻構、而卻充滿憂慮型的世界觀。

從上述寓言般的言辭中，我們將可看到：人的自由之投入對所謂可能性世界的追逐上所遭逢的兩類挫敗的結果。

而，它的弦外之音是什麼呢？便是：要你準備為瞭解生命的實質真相而戰！要你準備接納你的生命的永恆基礎而戰──去相信人類的生命之主，並擁有這個（超越的）可能性，這才是人類終極掙脫他作為有限自由的生命個體的唯一憑藉。

因為，有話說道：

「人們所說的一切希望與失望，仍遠非真正的希望與失望。祇是，就神來說，所有的事物都有可能。這是關鍵所在，也是永恆的真理。因此，每一剎那，都真確不變。……

不過，問題卻在於：你是否相信『就神而言，所有的事物，都有可能』？這就是指，問題端繫於：你是否『願意相信』？

畢竟，『願意相信』，正是喪失自己的心智與理解力的公式。信仰，正是喪失自己的理解力，以便贏得神。」

而且，這也因為：

「從人性觀點來說，拯救是永無可能的。只是，就神而言，卻是一切都有可能，這便是信仰之戰；憑藉瘋狂之力，為可能性而戰。因為，可能性是唯一具有拯救的力量。」（同上）

你能相信上述這段話嗎？想必，這是任何人所難以迴避的一個自我詰難。但是，既然有人如此的主張，我們誠然有責任將它公諸於大眾的眼前，以為公評。至於筆者的看法是：它是為尋找人類的生命與存在意義的真諦，所採取的一種跳脫以「人」為本位來思考的努力，而應該有助於時人去解讀自己生命的密碼訊息。

二、時間的真諦—— 無常與永恆的較力

(一) 人擁有時間意識

談到人的生命，甚至論說人的生命意義是什麼？誠然是不能無法不提及時間。因為，從某個角度來看，人的生命或存在，無非是由時間點滴的累積所組成。

在先前提到自由這個課題時，我們便指出：人的自由是相對的、有限的。為什麼是這樣？姑且不從人的有限能力、有限意願的表現暨行使來說，單從基始上來議論，人就是因為有了生—— 有個體生命的某一開始而成形、成人—— 而且也有死，才使他在時間的遷流義上被當成一個有極限的人。

這意思是指：你、我可不要忘了，我們之做為一個人而生活在世上，雖然我們每個人各有自己熟悉的親人、朋友、上司或下屬……等，各人卻要度過自己的人生，各人且要獨自走完自己人生的道路。你、我誠然是一個不斷在身歷時間的流逝，也不時會感受韶光不再的個人。

既然時間是如此教人難以挽留，時光是這般的容易稍縱即逝，我們日常的生活，豈能不看重時間的寶貴？

筆者經常在想：與其我們日、夜在追尋自己的夢想，不如每個人在每天的例行生活中，多能主動尋找至少有一件可算是有意義的

事來做。

　　譬如，你若是一名學生，你每天除了要能按時上學、在課堂上用心聽講；回家之後，能迅速把握傍晚及入夜之前的時光。一者，你要能儘快處理當天該溫習與隔天要預習的功課；二者，如果有家務事，就應該替家人分憂；三者，則應儘早睡眠，以備應付明日一天新來到的挑戰。

　　一旦你能看重某個時段，重視某一時刻，且細心珍用你所擁有的時間，你便是在做一件或多件有意義的事了。

　　而你若是上班族的一個成員，那麼，你應如何看待自己所擁有的時間，以及它對你個人的價值與意義？我們認為可套用一齣電視名劇中的台詞來作自我的提醒：「你雖做別人的工作，但卻要學自己的工夫。」這個意思是：只要你在職一天，在個人的工作崗位上，就不應該鬆懈，每天要戰戰兢兢，不要偷懶；同時，你也該自我期許：我要能把自己的份內之事做好。

　　這樣一來，你不僅對即將要面臨的差事，能夠有所因應；甚至還游刃有餘。二來，即便將來另有升遷、他調，甚或被資遣離職之後，你也能從容應付新的工作環境，並且還能接受新的工作挑戰。

　　時間對你可有何作用？你對於時間，又有何理解或作了怎樣的把握？我們認為，在時間對你的作用方面，可以說，你就是一個很會珍惜時間與看重時間價值的人。此外，你也是一個能在工作時程中，不僅藉機充實自己，而且又為自己的轉型能奠定基礎而迎接新的工作機會的明智之人。後者，就此也可以這樣說：你是一個相當瞭解時間，也能把握時間價值的人。

　　總括而言，除非你有意去淡忘，不然，你總會時刻記取：人是不斷在和時間、機會、機遇、青春，乃至歲月賽跑的。這是人世間一個不爭的事實，也是一件你、我難以否認的事。

說真的，由於人天生認知能力的不足（雖然人秉有其它生物、動物所沒有的智慧與智能），也由於人常昧於事理真相的演變而喪失隨時應把握的良辰契機，我們便真的失去了益己的事物；或者也溜失了那能益人、又益事的東西。

為此，聖經中談到——在比較一個人的勇力與智慧上，機會正降臨他身上的那一刻，才值得教人欣喜和珍愛：

> 我（按：古代以色列國的智慧者所羅門王的自稱）又轉念，見日光之下，快跑的未必能贏，力戰的未必得勝，智慧的未必得糧食，明哲的未必得資財，靈巧的未必得喜悅。所臨到眾人的，是在乎當時機會。
>
> 《聖經》·傳道書九：11

的確，放眼周遭，今日有誰真的在乎在我們身旁隨時會溜走的機會？想必，是那些無時無刻在珍視自己有限生命的時程的人。或者說，那身在床褟，正與病魔在搏鬥的垂危之人。因為，他隨時期待擁有能治癒他的病情的任何一個機會。……

此外，現今世代的人們，仍有多少人會在乎他個人於某一時、某一刻所碰到和擁有的機會？有人說：就是那些在經商、玩股票、購買基金，或冒險作投資的人……等。對於這一點，我們並不否認。

不過，在這之外，又有哪些人會重視他所擁有的難得的機會？就此，也有人要說：就是科學家們、思想家們會這樣。因為，他們深知時代巨輪不停在轉動，深怕自己如果不再專精研究，不能掌握各種隨時出現的情況，他便難以做好紮實的工夫。為此，他可能就平白失去可突破某些困境的契機，以及完成某種實驗暨發現的美好時機。

想來，在以上所能列述的某類階層之人，或某些身陷於某一獨特情境的人會重視自己所擁有的寶貴時光；在這以外，可能就剩下那些活得渾渾噩噩、絲毫不去留意生命，乃至去感受時間對自己會有何意義的人了。

（二）時間真相難以揣知

　　在我們留意人們對時間或強或弱的意識上，不知你是否感知到時間的真相或本質究竟是什麼？這也就是在問說：你對時間究竟瞭解多少？

　　我們認為，如果你真能明瞭時間的特性，你就可能愈會珍愛自己當下所擁有的有限時間，也能夠愈加珍惜你個人在此刻所擁有的生命氣息。

　　那麼，我們可來揣想時間到底是什麼？也就是探問：它的特性是什麼？它的真相、本質又是怎樣子的？

　　在一般人的認知裡，時間大概就是意指你、我手腕上的手錶或牆上的掛鐘，或者電臺的播報而讓你、我能夠知曉的鐘錶時間。我們經常就是按照一天、一天時間的刻度在生活著，也按著一時、一刻、一分、一秒，乃至一月、一季、一年或數年在作時間上的規劃。

　　這時，對你、對我而言，時間好像是能受我們任何人來擺佈、設定或利用的東西。因為，我們多覺得，並且也認為：時間就是我們的時間，我們應該去使用它——不管是作珍惜的使用，或者作浪費的使用。

　　正因為我們對時間懷有上述不同的認知，在時間的流程中，你、我對時間便會持有不同的時間感：有人感受到時間的冷峻無情，對時光的匆匆流逝深覺無奈。這時，所能留給他的唱歎、抱怨、挫折、失望，或絕望……等，是可以視為他對時光的體會與認

識。

另外，有人也許會這麼覺得：你、我不要怨艾了，時間流逝，你不要急啊，還有明日呢！如果能假以時日，我還是會東山再起。你看，時運可不是三年河東，三年河西呢！風水已輪流轉，機會還不是又溜到我這裡來了嗎？！

是的，機會可能會再來；你、我的努力，在有朝一日，還可能讓我們重振往日的光榮美景。可是，你也當記得：歲月總在催人老！人的一生，還有幾個青春歲月？人擁有機會，或碰上奇遇，還會有幾個「偶然」？流逝的，可永不再復返；失去的，可能就難以再追回！

時間就是這麼的冷酷，機遇就是這麼樣的難求，往往我們就是在患得患失之中倉皇度日。

在西洋中古時期初葉，曾出現一位名叫奧古斯丁（Augustine,354-430）的神學思想家；他對時間的體悟之語，就被後世的人們引為一種有關時間的美談。

簡要說來，奧古斯丁雖然頗能體悟時間的奧妙，不過，他卻不認為：時間是一種可獨立存在的東西。他有名的時間諺語，是：

「離開創造，便沒有時間。」

《懺悔錄》‧第三十章

至於論到「時間是什麼？」之時，他則表示：

「如果沒人問起我時間是什麼，我就知道時間。如果我想向那問我時間是什麼的人來解釋，對於時間，我卻什麼都不知道。」

好一個弔詭的問與答呢！作為一個名神學家兼哲學思想家的奧古斯丁，他對於時間，居然是以這樣模稜兩可的答案來回應，那談到一般不懂得如何去銳利自己思想的凡人，怎樣去瞭解時間？可就

不是一件輕而易舉的事了。

　　想想：現今世代的人，包括你、我每個人在內，大家對時間本身的瞭解，難道會優越於或超越於專家、學者們的「真知灼見」？這個答案，想必是否定的。既然如此，我們可期待大家一起來覽視一下，看看古今中外那些對時間擁有他獨特體悟之人的現身說法。請看以下幾個事例：

1.邵雍（CA.1101-1077，中國宋代人）

　　他曾在自己提出的「元會運世」說中表示：時間是循環的；天地（世界）一次終始的時間，是十二萬九千六百年。

2.赫拉克利圖斯（Heraclitus,CA.544-484B.C.，古希臘人）

　　他認為時間是等同於週期（循環）的運動；萬物的變化，是在包括有三百六十個世代（每一世代為三十年）的時間的循環（按：可稱它為「世界年」，共有一萬零八百年）中出現。為此，萬物仍會返回到它們原初的位置。

3.牛頓（I. Newton，1642-1727，近代英國人）

　　他認為時間是綿延不斷的，可視它為一種絕對的時間。因為時間的延續存在，並不受任何外在事物的影響而改變。

4.愛因斯坦（A. Einstein, 1879-1955，猶裔德國人）

　　他認為時間是時、空連續體中的第四次元，可當它為相對的，而不是絕對的。因為人要瞭解時間，就必須從與它相關、又相涉的空間來同作理解。

　　從以上若干事例的列舉裡，我們委實可知：對於時間如何定義？與怎麼解讀？誠然可說是因人而異，見仁又見智的。

（三）　生命是一種恆常的追尋

　　而話又說回，身為一個平凡人的你、我，豈能不知道別人到底怎樣在思想時間的本質？也許，你會說：我不必知道，我也不想知

道。就這樣，我不是仍過得好好的？我就算知道了許多，又能怎樣？何況有關時間的討論，可謂眾說紛紜，莫衷一是。你到底要我信服哪一種學說？或哪一個時間理論？……

總之，講明了，你、我則無不是生活在時間的流程裡。我們都在時間的飛馳消逝中不斷的經驗人生，也一直體悟時間對我們每個人的作用和影響。

就此，筆者便聯想到先前已提過的當代丹麥學界的一位哲人──祁克果個人的人生洞察。因為，他曾對時間之和你、我的生命意義與未來福祉的必然關聯性，提出了頗為精闢的見解。

像針對無常（變化）與恆常（不變），或稱瞬時與永恆兩方的張力上，他就作了這樣的表示：

> 存在本身，就是正存在的行動，它是一種（不斷的）追尋。

《附筆》・第二書

> 瞬間，把現在定性作：沒有過去與沒有未來。因為感性生活的不完美，正賴於此。永恆，也把現在定性成：沒有過去與沒有未來。而這，正是永恆的完美。

《憂懼》・第三章

他又說道：

> 一種永福，對於每個個人而言，事實上是一種來自背後（內向）的永恆預設。

> 作為永恆者，個人是凌駕於時間之上的。因而，在他後面，一直擁有他的永福。這就是說，唯有一種永福，是可

以思考的；一種永禍，是絕對不可思考的。

《附筆》·第二書

筆者提出以上幾個引文片段，大家可以來思想一下：它到底要告訴我們什麼？如果你能平心靜氣，仔細推敲，你將發現，在你腦海的語言意象中，可創作出這樣的一個生動的圖像：

一個在漫無邊際的時間瀚海裡一直往前奔跑的人，他能感覺到正從他身旁——飛逝而去的是一粒粒，或一堆堆有如飛砂走石般的霎時、瞬間這些小東西。而他腳下所踏過的路面，可稱作是高低不平或坑坑洞洞那麼不討人心喜的泥石地。

這時，呈現在他眼前的視界，就是從他當下所在位置的一種不斷往前的延伸。他一直不斷往前奔馳而去，一心一意企想要抵達完美的終點——一個可稱得上是他終究想歇下休息，好好安享他身、心能獲得真正鬆弛的所在。

再者，你可曾注意到上述的引文，它提醒了我們什麼呢？就是：人人都可以去思想、去考究的——「永福」。

注意：是永福，不是永禍！在他認為：人雖在時間中生存、活動，乃至奔走、追尋；這樣看來，做為一個人的你與我，好似都成為時間牢籠中的苦命兒。不過，你可要將你的思考變得銳利一點，因他明白說道：人是「永恆者」，個人可以高凌過時間；人人可以去思考攸關自己未來的福祉的。

為何同樣身為一個人、一個平凡人的祁克果，當他一生碰到不如意的事時（例如：他和父親的關係並不十分融洽；曾與小他七歲的女友蕾貞娜一度論及婚嫁，而後卻因為他後悔了，而主動退婚，

並且終生未娶；曾被當時一份低級的報刊當成小丑，而極盡揶揄的能事來醜化他；此外，他還因為和當時的基督教會有了過節，而打了一段相當長時間的筆仗……），他卻不致因此氣餒而自暴自棄；反而，能作出如此振奮人心的呼籲，並在短短的幾年之內，寫下不少膾炙人口的不朽篇章？

究其原因，想必，就是他對自己個人的「生命」，有一份異於常人的認知與體會。他相信，在個人的生命裡，早就潛藏有一種深秘的可能訊息。這個訊息，當來自於你、我每個人原本理應隸屬的那個「永恆」（世界）。

相較於先前的引述，我們便不難理解為何他要說：「作為永恆者，個人是凌駕於時間之上的。」？

看來，祁克果這個人，應該早已認定：人本應是隸屬於永恆的；因他身為一個永恆者，他才有可能超越川流不止的時間。而，為何人是一個永恆者呢？這個問題的答案則應是：人是受造的，是被「永存者」按祂偉大難測的智慧所創造。

想想：祁克果這樣的自問自答，自我揣想，真可說是對你、我每個人所刻正擁有的生命，懷抱何其崇高的敬意、對待與期待。此中的關鍵，便在於他個人的秘契經驗。如用他自己的話來說，便是：

我開始要講述我與神的關係，講述我每日在祈禱中所重複的事情。我感謝祂為我所做那各種不可描述的事，那樣的無限多，且多過任何時候我所期望的。

我要講述我被教示驚奇的經驗，我訝異神，訝異祂的愛，訝異於無能的人在各方面有能力接受神的幫助；我也要講述我接受的教誨，即渴求永恆，不必畏懼它會使我厭倦。因為，這個情狀，正是我所需要的；不做別的，僅僅只有

感恩。

以上，對於時間的存在眞諦，我們點出了它的難以捉摸性；攸關於你、我的人生經驗之建立；以及提供人們能有一思考短暫（暫世）、瞬間或無常，之與永恆（永福）有其張力關係的界域……等。

特別是，後者的突出，我們認爲，它可讓你、我謹愼小心對待己我的生命，而且要每個人在呵護自己寶貴生命的過程中，努力去發掘潛藏在各人生命中的一個神聖訊息：一種一直等待我們各人向前去執取的美好的未來、永恆的未來暨眞實幸福的未來。

三、可能性的認知──無與有的辯證

（一）一般人的見解

早先，我們曾經提到有關「可能性」的一則故事，大意是說：在可能性裡，人很可能在萬條道路中迷路……。

在本篇幅裡，我們則想從一般人的心思行徑的動向，來思考擁有「可能性」這個念頭之可能對你、我的存在，乃至對你、我個人存在意義的開展，究竟會造成怎樣的影響？

說到一般人對「可能性」的見解，或者可以說，從一般人所抱持的人生觀的角度來看這個問題，我們大致可以將它分成兩種類型的人的觀點：一是，有神信仰的宗教人；另一是，無神信仰的自然人。

　　1.宗教人的想法

什麼是有神信仰的宗教人？再者，這種人對「可能性」所抱持的觀點大概會是什麼？

據我們所知，所謂有神信仰的宗教人，是指：一個人在他心目中「肯認」有神的存在，不管他所「認定」的這個神或這位神是宇宙真神（耶威、耶穌）、真主阿拉、天主、梵、天、道、神明、玉皇大帝、無極老母或佛道……等，他總認為他一生的行事為人，都會受到他信奉的這位神（明）的指引和鑑察。因而，他便會小心做人、行事。就算有時做錯了事，犯了過失，他也會想辦法悔改、認罪，並祈求神（明）的寬恕……。

你想：這種人心目中的想法會有什麼呢？既然他肯認有神（明）的存在，而神（明）其實是世人的肉眼所不能看見；那麼，應該可知：在他個人認知的世界裡，必是先「相信」有神（明）。

在這裡，這「相信」的意思，無不是指著：從人有限理性的認識角度來說，「相信」係意指一種「可能性」的存在，也就是有超越事物的的可能存在。

譬如說，它就涵示：神（明）是可信的，是存在的；神（明）不是不可信，也不是不存在。它又可退而求其次的表示：神（明）可能存在，神（明）不可能不存在……。

再者，從一個人因相信而肯認有神（明），到覺知他個人一切的行事為人，都會受到神（明）的察看，再想：在這個人的內心、在他的想法中，乃至在他對一切事物的見解裡，可富含了多少所謂的認知、肯定的「可能性」？

如果有人不接受以上我們所說的，那麼，可以請他去問問他所認識的教友（或基督徒、天主教徒、伊斯蘭教徒，一貫道的道親或佛教徒……），說：請問你為什麼會信？你相信什麼？你相信有天國、地獄嗎？你相信有來世報？相信有世界末日？相信有審判？相

信善（人）有善報、惡（人）有惡報？也相信這又相信那？……。

　　相信你所獲得的「答案」，必會叫你出乎意料，大呼「怎有可能？」「怎會這樣？」現今，可是一個科學昌明、科技已進入外太空的時代！居然還有人會如此迷信！也太不可思議了！

　　我們在此要鄭重告訴你：朋友向你所提述的一切，如果從今日人類知識本身的矛盾性或兩極化的角度來說，多半可以視爲「可能的」事物。因爲，他（她）的談話本身，也常因確據不足而祇在作種種可能性的表示——他只能說：他，相信這，相信那，也相信有許多的可能、有太多的可能存在於他的四周。甚至，還會充斥他整個人生的經歷。

　　以上，可說是在一般人當中，那些相信有神（明）存在的宗教人，對「可能性」或對「可能的事物」所抱持的看法。

　　2.自然人的想法

　　至於什麼是無神信仰的自然人？又，他們對於「可能性」，大概又會抱持怎樣的想法？

　　據我們的觀察，所謂無神信仰的自然人，是指：一個人在他心目中，並不相信世上有神或有任何神明的存在。除非有人能提出有神（明）存在的證據；而這，還要等他親自去驗證之後，才可能決定他是否會更改他的初衷。

　　再者，這種人往往會以自己有道理、冷靜、科學、實證，或客觀……而自居。因此，他一生行事爲人的風格，往往是依準於自己理性的判斷，或個人所擁有的知識的導引，而從不想自陷於任何缺乏實據和明證的迷信或盲信中。

　　當然，在無神信仰的自然人當中，也不乏一般的青少年人和販夫走卒之輩。雖然他們不像若干的知識份子，或一般學界的科學主義者那樣的孤傲、冷峻；不過，在對個人人生的經營上，卻是抱持

最基本的想法：只單靠自己樸素的人生觀感，或跟隨感覺而走。所謂：「只要我喜歡，有什麼不可以！」的本能行事之原則，可說是這一種人的生活準則。

你可想像：以上這一類型的人，也就是懷抱無神信仰的知識份子、青少年人或販夫走卒……等這種自然人，他們對於「可能性」或有關「可能的事物」，到底會有怎樣的想法呢？

如果理解的沒錯，我們則要說：他們根本就是不相信有任何可能的事物存在。除非那些東西可通過他們自認為的理性、經驗或常識實際的檢測；否則，他們是很不輕易接受那些被視為所謂的超理性、超經驗、不可思議的，或靈異……事物的可能存在。

顯然，準此而論，前述有神信仰的宗教人所認定的神（明）的世界、神的末日審判、來世、天國與地獄……等可能的未來情況，對他們來講，都可視為毫無準據，無不是些怪、力、亂、神的迷信妄語。

雖說在這類無神信仰的自然人當中，也不乏有潔身自愛、能明哲保身的人（包括：某類的知識份子、思想家、俗世主義者……等）；又，在這些人群當中，有人甚至還會本於他自己的良知、知識或學養，在他個人專精的領域裡研究構思，或設想有若干「可能世界」的存在。

不過，在這裡，我們也很想提醒：他們這種認知有「可能的世界」的人，可以說，仍祇是把他所認定的「可能的世界」，侷限在一種俗世義的這個世界（如：真、善、美的意境，或智、仁、勇的境界……等）或那個世界（如：可意指另一個銀河系，或其它物質性的空間領域……）裡，而全然欠缺對超世的、彼岸的，或所謂屬靈的可能世界的體會和肯認。

從以上有關自然人與宗教人這兩類型之人的人生觀點中，我們

大致可以瞭解：世人對「可能性」的看法，大致是不出於我們所作的類分與闡述。

接著，我們就想來談談：「可能性」到底應如何的界說？是否值得你、我來注意……？以致人們能倚藉對「可能性」的事物的瞭解，而助益於各人開展自己的存在意義暨開拓各人的生活世界的視野。

請參酌以下的引述：

（二） 從「有」的認識出發

1.說到「有」，以及對「有」的認識，我們經常會這樣說：我有錢，我有後臺老板，我有勢，我有親人，我有家庭，我隸屬於某某公司，我是某某教會（教團）的信徒，我有我個人的生活圈，我有我的未來理想、抱負，我在作個人的生涯規劃，我有自己獨立的思考，我有自己的判斷力，我有愛，我有盡責，我有很棒的點子，我有這，我有那……，真是無奇不有。人們經常就以自己擁有的「多」，而自豪、自誇，甚至自傲與自慰。

其實，從根本上來說，我們每個人就是出生在「有」之中，以及被安置在「有」的世界、環境、社會和家庭裡。

為什麼這樣說？我們每個人的出生與成長，難道不是在父母或親人的教養中長大的嗎？當然，我們之作這樣的表示，也許會受到某些人士的抗議。因為，他們認為：一個一出生就被棄養的嬰兒，他（她）可能就沒有父親或母親在身旁照料；為此，你怎麼能說：他是在父、母或親人的教養中長大的？

是的，他這種的說法，可不是沒有道理。不過，這畢竟是社會中的少數個例，而不是全面性的、一般性的事實。我們要說：有某人的身世，如果是像剛才說的那樣的坎坷，那樣的淒涼；啊！這可真是人間的不幸。

但是，儘管無法全盤的否認實情，至少，我們可以作這樣的指稱：（以我國現行的社會福利政策來說）被棄養的孩童，應仍會受到相關社福機構的照護和收養，而能得到身、心上應有的照顧。

　　所以，這並未推翻我們先前所作的陳述：包括你、我在內的每一個人，都是被誕生和安置在「有」（如：有親生父母的照顧、有社福人員的照料、有親朋好友的看顧，有……等）的世界、環境、社會或家庭裡的個人。

　　就因為我們一出生離不開各種「有」的環境、社會或家庭條件……等；所以，很可以這樣說：你、我和每個人，都是在「有」的世界中從事認知（事物）、生活、競爭、追求、保留、遺棄，以及想望……等人間世的存在活動。

　　這種從「有」的認識出發，並在「有」的事物世界（按：也可稱它為自然世界、客觀世界或物質世界）裡競逐、追尋，這個「有」的世界，真可說是我們世人生命之作自我發展和追求自我實現的大舞臺。

　　2.說真的，這種在「有」中誕生，在「有」中思考，在「有」中發現，並在「有」中競求某種事物或某樣價值……的生命表現，可一直在主導著你、我個人的生存意識。

　　換句話說，如果有人想要思考「無」，即思想「有」的否定──「沒有」，並且以「無」作為他人生的認知暨規劃的起點，往往他就會被人視為「很不入流」、腦筋大概有問題，或者是一個性孤僻、行徑怪異的人。想來，我們所知悉的某些哲人，例如當代德國的一位哲學思想家海德格、古代中國道家的老子……等，就被視為思想詭異、行為奇突的人。

　　因為，他們雖然酷好思考、喜歡談論「有」的事物；但是，卻更偏愛由負面或逆向的、辯證的角度去涉思「無」（非有、無有）

的世界。而且，還大談闊論，絲毫不掩飾他們對「非有」、「無有」的世界的熱衷。

為何有的人是如此？難道他們並不知道生命的意義，是在「有」中成長、在「有」中開展，並且力圖想將「有」一直維續地保存下去？

我們認為，有人之所以在看重「有」的事物之餘，還會注意那表面上看似「非有」的「無」的可能世界；這當中的關鍵，當是在於：他們頗想一試，或者運用否定思維（負面思考）或使用逆向思考，企圖探討在「有」的事物世界背後，是否還隱藏有所謂的可能的世界？

在此，姑且不論在「有」的背後，是否可能潛藏一個「非有」或「無」的玄秘世界；但是，一個人一旦有這種雙向的認知，想來，這也未嘗不是一件值得你、我注目的事。

因為，論到會用筋腦去思想，這可是唯有人類才會有的一種奇特現象。至於世上其它的動、植物，或別的生物，乃至礦物，可都不會這樣！

想必，這當是人類之得天獨厚，有人便視它為「萬物之靈長」的主因：人會作各式各樣的思考，並且會在思想中找到他下一步即將行動的方式、目的與意義……等。

比如，前述的古中國的老子，他的注意「有」，也思考「無」；從而，建構了他的人生哲學。這在中國千、百年來的社會人心裡與學術思想界中，就常被引為一種高度智慧型的創思和人間世的美談。試舉他言論中的幾個例句來品賞：

老子曾說——

道可道，非常道；名可名，非常名。無，名天地之始；
有，名萬物之母。故常無，欲以觀其妙；常有，欲以觀其

徼。此兩者，同出而異名，同謂之玄。玄之又玄，眾妙之門。

以上，這一大段哲思雋語，可說是一次即「道」盡了老子偉大思維的漫妙與精華所在。

說它漫妙，是因為老子能夠靈活運用（中國）人間的語言，並用「有」、「無」此兩看似相對立的字詞，去詮解，並洞窺萬有的神秘與奧妙；並逕視「有」即是萬物之母，而「無」才是天地之始。

這裡的「有」與「無」，在時間上，似乎存在著先、後的位序關係；也就是：無在有之先，有在無之後。但是，對於老子而言，他總是認為：「有、無相生。」而且，「前、後相隨。」（《道德經》·第二章）

再者，稱它是老子哲學精華的所在，是因為老子基於瞭解人間語言不能一次說清楚「道」的存在真相，也無法一次講明「道」的偉大奧妙；所以，便用很精準、又頗具磅礴氣勢的動感語言——他說：「道可道，非常道。」——來闡述「道」的不可明說的玄秘特性。至於在其它場合，他旋又補充的說：（「道」是）

「視之不見，名曰『夷』；聽之不聞，名曰『希』；搏之不得，名『微』。此三者不可致詰，故混而為一。」

《道德經》·第十四章

這裡，顯然較清楚談到「道」之作為「有」的存在，卻是人有限的認知（包括：視覺、聽覺、觸覺……）力所不能及的所在。不過，「道」卻明明永存著。

以上，我們頗像是運用學理的論述，在處理「道」的雙面性──「有」與「無」──之間的張力暨辯證的關係。可是，大家卻不要誤會，我們所關注的，乃是「可能性」世界的問題。

　　進一步說，筆者之不敢以嚴肅的解說，而僅試圖以大家熟悉的中國老子的思想，來佐證我們今日所垂注的「可能性」這個問題；其目的和用意，則無不希望大家能夠瞭解：我們生活在世上，可千萬不要祇以眼前、近處的「有」的觀點，也就是遇事總僅以有形的事物、看得見的客觀世界，乃至一般人常言的物質世界的角度，去看待問題、思考問題。

　　因為，在看得見的事物的表面之後，說不定就隱藏著一種深具奇大力量的可能因素。在聽得到的言論的表象之背面，說不定就涵蓋著一股有似細水長流的可能的影響力量。並且，就在可觸摸到的東西之後，說不定就存在著人難以測度的可能事物。

　　且舉一種平常你、我所能看得到，聽得到，乃至觸摸得到的事例來作說明。就以你、我這一個體生命之出現在這裡，存活在這個世界，參與到人群的社會，以及生活在一個家庭來說明。

　　說到你或我這個人，我們每個人都能看見別人，也被別人所看見；能聽到別人的言論，也被別人聽到我們自己的言論；以及能接觸到別人，也會被別人所接觸。

　　此外，我們每個人在世界上的生存、工作、努力、尋找、追求，或喜悅，或懊惱……等各種生活動作，乃至較隱密的心思意念，總容易作自我察知，也容易被他人所猜測。

　　總的說來，你、我的「有」，即個體生命的活動與表現，總是有形可見。但是，在這有形可見之個體生命活動的背後，也就是指一個人的精神、意識、思想、生命力，或旺盛的求生意志……等，究竟有誰可用肉眼直視而看得見？可用肉耳去靜聽而聽得出？乃至

可以用身體各部位的觸感去接近而感觸得到？

　　儘管用人的感覺器官，看是看不到，聽是聽不出，而且摸也摸不著；就算這樣，你可會否定人有精神、思想、意識、生命力或求生意志……等這些「內在事物」的存在？當然不會吧！

　　同理，人的生命之「有」在這個世界上，人的個體之寄居在這「有」形的天地中，你不覺得他的出現（從浩瀚宇宙生命的角度來說，人的生命儘管是那麼的短暫、那樣的有限）、他的生命活動，是那樣的奇特；尤其他的生理結構與心理內在，是那麼的奧妙、神秘？

　　何況，人既然有不斷追求自我滿足的慾望；你難道不認為：如從「有」與「無」的對位思考（記住！不是對立思考），逐對人的出現之在世間而作一番整體的思維，這可有它極大的作用和影響？

　　簡單的說，人在世上的生存，既是一種「有」的顯現，也是一種的必然；難道我們就不會去思考：這個「有」一旦消失成了「無」，結果會是什麼樣？又，這個「必然」一旦也不存在，而成了「不必然」，那結果又會是什麼？接著，我們還可以試著問道：這裡的「無」、「不必然」，跟「可能性」又會產生怎樣的張力關係？

　　關於以上這一切的問題，不管是怎樣的組合，想必，都是挹注在有與無、必然（性）與可能（性）……這一類有似矛盾的關係上。

　　先前，我們也談過，有關有與無的思考，理應是一種雙面向的或對位的思考，而不必一定視它為一種對立的、矛盾的和衝突的思考。如果這種認知可以成立（按：前述有關老子對「道」的觀點，便佐證了我們所作的這種的設定），則我們想進一層指明：「可能性」，或一般人所不屑去肯認的「無」的事物或世界，可當是你、我生存在這世上，尤其應格外去重視的一個思維領域。因為，（說

不定）它正是我們的一生或生命的最後希望之所繫。

　　何故？請參以下的說明：

（三）希望寄託在「無」、在「可能性」

1.存在就有希望

　　先前，我們在報章上，經常會看到一則攸關我國國際政治情勢的口號，那就是：「存在就有希望！」這一簡短有力的語詞，看來，不僅是適用在一些政治人物所酷好的政見上，而且更能應用在我們現正討論的問題上。

　　我們也要說：只要你、我存在，正活在世上，你、我就有希望——希望能夠作這、作那，想這個，也想那個。

　　看看現今的社會，有多少人是活在希望之中？活在自己對未來理想的期待裡？雖然我們難以作出全面的問卷調查；但是，從今日社會各界與諸層面、各報章雜誌，以及市井小民的心聲裡，我們多少可以揣知：「希望明日能更好！」的殷切期待，或者「希望我國的經濟能蒸蒸日上！」「希望台海政情能夠穩定發展！」……等大眾的願求，應可稱得上是目前我們所生活的市民社會之最高的期盼，也是舉國上、下齊心努力與奮勵的方向。

　　人總是活在期待中的；也因為人有所期待，就有所盼望。即：深盼自己所期待的理想情態或事物，能夠早日實現，早日一圓自己先前所懷抱的美夢。

　　不過，話又說回，有沒有人不是活在期待中，不是活在盼望裡？有的；就是那些以灰色思想來塗抹自己，而對自己的未來永遠懷抱悲觀與絕望的人。因為，他們提振不起生存的勇氣，不願正視挑戰的人生，而在未臨戰陣之前就自甘解甲、自暴自棄。所謂「今朝有酒，今朝醉。」「借酒澆愁，愁更愁。」往往就是這些看不見前程的人自我解放的方式之一。

這種人還「好」，因為他們是消極地面對自己、面對自認為已無可救藥的生活環境，而苟延殘喘，過著得過且過的日子。

至於另有些人，則是徹底絕望地看待自己、看待了無生趣的周遭，以及他曾經與之生活過的親戚、友朋。他對未來已不再抱有任何的希望，更談不上他能期待什麼、盼望著什麼。現在，他一心想作的，就是想從這個苦境立即解脫——或以自殺來了斷自己的痛苦。反正是，眼不見不淨。

這種人，可說是已然不為自己懷具任何存在可能性的希望。更不用說，他會聯想到「可能會」有另一個所謂彼岸的天國、地獄、末日的審判……等的可能世界在將來正等候著他（她）。

2.瞭解「可能性」的重要

為什麼有人懷抱希望而生，有人卻徹底絕望而求死？這個問題，可謂是相當引人入勝，而卻是玄機重重。

想來，如何破解箇中的玄機，登堂進入它的秘境，最主要的關鍵，應該就在於：人是否擁有「可能性」？以及如何瞭解真正的「可能性」？這類課題上。

什麼是「可能性」？什麼是真正的「可能性」？以及「可能性」與希望，即你、我對未來的希望，兩者究竟有怎樣的關連……？如果容許能用學理的角度來說，我們就要這樣明指：存在，就是可能性。你、我的存在，就是由各種的可能性所組合而成。

當代西洋的存在（主義）哲學學派，包括：前述的祁克果、海德格、沙特、雅斯培（Karl Jaspers, 1883-1969）、馬色爾（G. Marcel, 1889-1973），以及田立克（P. Tillch, 1886-1965）……等哲學思想家，則最喜歡談論人的存在的可能性、人的未來設計，以及人對生命暨存在意義的看法……等；他們可稱作是「可能性」哲學頂尖的研究專家。

此間，我們則想表示：人的存在，或說人在世上的生活，他的實情便是——繼續不斷地朝前去生活。人既然是朝前去生活，那在時間的認知上，便是表現在：他面對著自己的未來，而朝向這個未來在生活著。因而，可以說，人是隸屬於未來的。這就是人類的存在真相！

既說人類的存在真相，是體現在他乃隸屬於未來；這時，也許有人要問：這個未來，究竟是指什麼樣的未來呢？答案就是：它是充滿種種可能性的一個未來。至於現在活著的人，又是如何和這充滿種種可能性的未來打交道呢？就要透過認知、決斷、選擇和執行這幾個步驟來完成。

試舉一例來說明：有一個人如想成為一個偉大的文學家，你想，他會怎樣作而才能實現這個夢想？根據以上的觀點，我們就能作這樣的表示：

首先，對這麼一個對自己的未來懷抱有遠大志向的人來說，要「成為一個偉大的文學家」這件事，可不是現在進行「事」，而是屬於未來，現未發生的狀態。

既然這個人已立定了要自己在未來能「成為一個偉大的文學家」的志向，我們就此便可以說：他立志要「成為一個偉大的文學家」這個認知，可排斥了其它的認知。有如：想成為一個平凡人就好；想成為一個才藝兼備的藝術家；或想成為一個偉大的政治明星……等。

依循上述「成為一個偉大的文學家」這個認知或志向，這個人要怎樣作，才能逐步實現他這個夢想呢？他必須斷然地將他一切的精神、時間、努力和資源……等，全部投入到能養成一個偉大的文學家那種氛圍及情境中。

那就是：他必須選擇相關的典籍、文獻書籍來研究，並致力於

文學性的思考與寫作；而且如有教學、進一層的學理探究，以及能觀摩他人創作的作品的機會，可不宜放棄……等。那麼，如假以時日，也就是說在他不斷地從事論思、撰述、發表、不斷地提昇自己寫作的品質上；想必，就可造就自己成為一個夢寐以求的偉大作家或偉大的文學家。

我們從這一個人的平凡生活，到他立志而至實現他偉大的夢想這整個事態的進展上，當可看出：懷抱自己將來可能成為一個偉大的文學家這個希望、這個「可能性」；或者說，這個由「無」中生「有」的情境，是可以憑靠一個人後天的努力以力圖實現的。

這時，希望如不是寄託在可能性（按：作為一種非有的，即無的情態），那又會是什麼呢？難道會寄託在過去已成的必然情態：（按：意指現在，即尚未「成為一個偉大的××人物」的情態）上？當然，不是的。

為此，很可以說，人的希望就是繫於未來的可能性，就是寄託於現在尚未存在（即：非有）、也尚未實現的那個「無」之中。對這個「無」，你會小看它嗎？難道不應嚴肅地來對待它、看重它？

此間，我們頗期待現今世代的人，尤其E世代的青少年，該當好好靜思一下，且要體會「無」與你的重要關係：這個「無」，即涵藏各種可能性的「無」，絕不是虛無主義的無，也不是究竟無的無，而是一種充滿新奇、理想、期待和希望之可能性的「無」。

這個「無」，對位地說，它也就是「有」。此間的「無即有」，或「由無變成有」，可需要你、我貫注一切的心力和心血，而絲毫輕忽不得。

自此，從上述這種頗富哲理的思維上，我們也可將它應用在一個人對生（作為有）、死（作為無，或非有）的認知和觀感上。簡要的說，一個人的生既是有，死就當然不是無了。如果說死是無的

話，那麼，它就意指：完全的消失、完全的不見、完全的不存在。

可不要忘了，人的知識是有限的。對生的一切認識是如此，對死的瞭解，也應是這樣。

這時，如果人無法試著抱持一種可能性（即：一種突破有限認知的可能性），以死後還有可能存活的希望〔按：人世間的宗教，多半作了這個設定，有如，猶太暨基督宗教即相信人有永生：人的肉身雖死，將來在主降臨審判世人時，還有復活得生的盼望。至於埃及金字塔文化，也在昭告世人：人死之後，在將來仍有復生的可能〕；那麼，人在世上的勞苦度日，努力向前生活，就真的沒有它奮鬥的動力與未來的真實希望。

的確，人類存在的希望，難道不是如上所述的寄託於真實的未來——即一種能超越現實「有」限生命，而脫釋成為一種擁有「無」限之可能生命的真正的未來？

說到這裡，有人可能聽膩了，聽厭了。因為，他不想聽。理由是，他認為：這太玄深，太形上，太過思辯，也太過離譜；多是不切實際的一種幻想、白日夢。

實情難道是這樣子嗎？今日有些人因為抱持這類極欲對它嗤之以鼻的想法；所以，一旦面臨自己人生的困境，而致無法脫離自認為的苦海之際，便輕易的置自己的生命價值於不顧，而率爾輕生。你說，這真不可悲？不可憐嗎？希望我們都不要因為自己的「無知」而滅亡！

且試以一段「有知」的智者之言，來提醒你、我對「可能生命」的存在的一種憧憬：

生命不朽的問題，實質上，並不是一個學問的問題；它毋寧是一個內向性（按：心靈深處）的問題。它是主體（個人）藉著成為主觀者，而必須把它放進自己身內的問題。

客觀上說，這個問題無法被解答；因為，在客觀上無法提出它。生命的不朽，正是所發展的主體性的潛勢與最高的發展；（一個人）祇有藉著真想成為主體者（主觀者），這個問題才會適當的產生。所以，怎能在客觀上來回答它呢？

這個問題，也無法用一些社會語彙來回答，因為社會語彙無法表述它。唯有志於成為主觀者的主體（個人），才會想到這個問題，而恰切的問說：

「我變成不朽嗎？或不是不朽的嗎？」

《附筆》·第二書，祁克果著

認知評量表：問題 vs. 回應‧之一

1. 人類的生命雖然與生俱來即帶有它的憂慮和患難；但是，你（妳）認為，這類的難處是否可以被克服？應該憑藉什麼？

2. 生命教育的進程，在你看來，應該涉理哪些課題？

3. 在世界上，你認為有誰才能真正瞭解你內心的想法，包括你心中的快樂與憂傷？

4. 中國教育家蔡元培先生對「自由」大致有哪些的看法？

5. 古希臘的哲學思想家兼最早的植物分類學家亞里斯多德，如何論述「自由」？你有何評論？

6. 西洋近代英國的經驗主義者兼政治哲學思想家洛克，如何談論人的「自由」？如果可能，也請嘗試批判之。

7. 西洋當代法國的文學家、劇作家兼無神論的存在主義思想家沙特，如何談論「人是被判定為自由的」這樣的主張？就你看來，這種自由觀點是否太過於激進？為什麼？

8. 一個人的自由，除了必須受到國家法律的保護與約束之外，在你看來，人的自由是否還需受到其它因素，有如，不得傷害他人的權益……等這類條件的限制？不然，又需怎樣去規範一個人的自由範圍？

9. 人的自由是絕對的？相對的？抑是相對的絕對自由？

10. 如果你是一個有神論者，在你看來，人應怎樣看待被賦予的自由（包括意識的、思想的與行動的……等各方面）？

11. 純粹以「人」為本位的思考方式去面對宇宙與人生，在你看來，它有何優、缺點？

12. 關於「拯救」（救贖 salvation）的問題，從人性與神的不同角度來思考，係會產生兩極化的對立結論；在你看來，哪一種思考角

度及其結論比較正確？而且，可被人們所接受？

13. 請談談你對時間的感受和體會。

14. 可否靜思一下：迄至目前，你曾把握住幾次攸關你當下的生命情境的機會？同理，也數算一下：你曾失去幾次最具有關鍵性的人生機遇？

15. 你認爲你是一個會在明智的引導下而擅於把握人生重大機會的人嗎？若不是，你會考慮作怎樣的心理調整？

16. 人們常說：「某某人駐顏有術！」你也常聽說：人多喟歎「韶光易逝，青春不再！」這時，你會有何感想？是同樣怨艾呢？抑是更鄭重過你有意義的生活？

17. 西洋古哲奧古斯丁有名的時間諺語是什麼？對此，你有何評論？

18. 你認爲時間是直線式的發展動向？還是循環式或輪迴式的發展動向？願聞有學理依據的析述。

19. 請談談丹麥的心理學家、文學家、寓言學家、神學家兼哲學思想家祁克果對時間的解讀，且請試作一評論。

20. 「永福」存在嗎？不然，爲什麼有許多宗教家會告訴我們說：你信，就必得著？信者，是得著永生呢？抑是永福？又，這兩者相關嗎？

21. 人在逆境中，可說是一種身、心的煎熬與錘鍊。在你看來，這個人他應冷靜思考、沈著應戰，以求解脫呢？還是四處求取奧援，以助其迅速脫困？可先分析兩方各自的利弊，而後再提出你個人的見解。

22. 可否談談你個人的宗教體驗？特別在你的生命低潮時，神奇的密契經驗，是否曾帶給你奇大的精神助力？

23. 你對「可能性」（不管是數理的、統計的、存在的，抑是其它……）瞭解有多少？對它的思考是否有助於你個人的生涯規劃？

24.請分別談談宗教人與自然人這兩種人格典型的價值人生觀。

25.你認爲信仰（信心、信、誠信）對一個人保持自己生命的穩定性，是否有它應有的功能及助力？何故？

26.你對時下年輕人喜談的「只要我喜歡，有什麼不可以！」的行事風格，有何特別的看法？

27.你認爲：在今生之後，是否有來世的存在？爲什麼？

28.你認爲外星人存在嗎？如果存在的話，他們是否居住在另一個世界？再問：這「另一個世界」是怎樣的可能的世界？願聽聽你的想像力怎樣描繪那一個世界的景象。

29.你是一個人，也是一個有生命的個體。請問：你可擁「有」哪些可算是一個人或一個有生命個體的性質？

30.你對社會上偶爾發生一個剛出生沒多久就被棄養的嬰兒，甚至所謂的墮胎事件，會抱持什麼樣的看法？請從生命尊嚴的角度闡述之。

31.一般人心中有關「有」、「無」的想法，跟學者（尤其哲學形上學家）對「有」、「無」的見解容或有它歧異的所在；但是，在你看來，生命的「有」與「無」，究應作怎樣的詮解？

32.請談談中國先秦時代老子的「道」觀。

32.老子以有、無此相對位的觀念去論究萬有的本源，在你看來，它能帶給你怎樣的人生啓示？

33.常常聽人說道：「存在就是希望！」你對這語句中的「存在」與「希望」此二字詞瞭解有多少？

34.西洋的存在（主義）哲學家經常說道：「存在就是可能性！」在你的理解裡，存在是這樣子嗎？抑是還有其它更好的詮釋？

35.有思想家說：「人是隸屬於未來的存在！」可否談談你對這種論調的見解？

36.現實與理想、現在與未來或有與無……等雙方，總有它們或在時間上或空間上的差距。就你所知，未來與理想的實現，是否攸關於一個人的生命意義的獲得及其存在意義的開展？何故？

37.你對現在的你的生活方式、工作環境或人生觀感滿意嗎？不然，是否已有開始改變的心志和計畫？

38.一個人的死亡，可稱作不存在（或「無」）。在你看來，這裡的「無」，理應作何解釋？可從人是精神與肉體、靈魂與身體，或者心靈（意識）與軀體的綜合之角度來說明。

39.你關懷自己生命的「不朽」這個非學問的（但可視作是一主體性的）問題嗎？何故？

40.你認為：假如現今的時局、社會與生活環境……等這麼的不盡如人意；你會把個人的人生「希望」寄託在哪裡？為什麼？

什麼是智慧的人生？

從先前對我們人類的「存在」的探討上，約略已知：人，這一個體生命的存在，是一擁有意志自由的存在，也是一擁有時間意識的存在，更是一擁有各種可能性的存在。

又，儘管我們也提到人的自由，是有限的自由，是相對的絕對自由；人的時間意識，是擺盪在無常與恆常、瞬時與永恆之間的意識；而且人的可能性，是充斥著可實現與未可實現、無與有……等各種情態的可能性；不過，可不要忘了，我們人類的存在，原本就是活在未來中的，而且是一直向前生活的存在。因而，我們才會說：人的存在，在基始上就是有希望的。

因為，存在就是希望；而且希望，也不斷在引領著存在。這是我們對於存在，也就是對你、我個人在此世上出現的生命的一種主體的註釋。

接著，我們想來探討的一個問題，是：你、我到底能否擁有人生的「智慧」── 不是知識，也不是常識── 即一種真正的知識、真正的智識、真正的智慧；從而，以過一種智慧的人生？

想來，從早先我們所作的設定：即每個人都應鄭重和嚴肅看待自己在今生、今世所出現的一次生命；以及也提到：你、我每一個人，都是自我生命之意義的追尋者；而且又強調：人類存在的希望，總寄託在看似「無」的未來的「可能性」中。

是以，此際即應有足夠的理據來作主張：只要你、我恆切努力，極力求取攸關個人生命之福祉的生命智慧，而且在個人所處的現實社會的人際關係裡，能有一健全的溝通和因應的方式；此外，在我們與所生存的大環境，亦即和整個大自然界的對應上，還能保有一種醇美的關係── 即用鑑賞與禮讚，而不是掠奪與占有的心

態——這樣便可說：你、我各自就將擁有美好的人生信念。因而，也漸使自己感受著生活在一種美妙的、智慧的人生之旅中。

以下，且分別解說一個人宜如何獲取人生智慧，由而以過一種智慧人生的進路：

一、真知識的原貌——生命智慧

（一）一般人的觀點

我們私下常會說某某人：「好耍小聰明！」、「聰明反被聰明誤！」、「剛愎自用，自以為是！」、「目中無人，無法無天！」、「這是最基本的常識，連三歲小孩都懂，他竟然不知！」或者說他：「真沒見識！」……等等。

難道你、我正在嘀咕著他人之際，仍未捫心自問、反躬自省：我們自己又做得多好？當你用一指正指著別人時，還不是用三指在指著你自己？這個意思是：你跟別人也一樣，有不同的，只不過是小巫見大巫、五十步笑百步而已。

從這些平常生活的例子裡，就可看到：有常識、見識和知識，甚至，要會自我反省、思想……等，這對於一個人平日的生活、待人與處事，可說是多麼的重要。

既然我們都知道，一個人若沒知識、沒見識是很難立足於社會人群；那麼，什麼是知識呢？什麼是見識？知識和見識將如何去獲得？又，就算得到了，又將怎樣把它（們）應用在我們平日的生活情境裡？……這一切的一切，委實都需要考究，也需要大家齊心來關注。

一般說來，除非一個人接受了循序漸進的教育，也從教育的學

習過程得到相當的資訊；不然，你若說他與生俱來就已經懂得了知識高深的內涵、普通常識的分類，乃至什麼見識、不見識……等，簡直就是睜眼在說瞎話。

不錯，人天生下來，就被賦給了能夠認識某些事物的某種能力，也被交付了某種做人、做事的基本道理。這是一個不爭的事實，也是大家普遍能認同的一種最起碼的常識。不過，你要知道，如果人人都僅靠它天生的知能、初淺的常識，或原始本能在行事為人，那應是多麼的危險，又何等的困難！

說它危險，是因為，人生來所擁有的知識或常識，可能是相當的粗糙，並未經過適度和適量的琢磨。結果，往往就很容易混雜個人與生俱來另一種（些）的欲望或本能，乃至其它的私心……等，而使自己生活得很痛苦，很不得人緣。

又，說它困難，是由於人天生的認知──你說是一般的經驗也好，平常做人、做事的道理也行──經常受到各種主、客觀條件的限制；所以，如果不尋求精進人潛在的智能，也就是開發出你、我原有的潛能，那麼，我們可能都將被困縛在既有框限的格局，而難以行動自如。

（二）學界人士的見解

就以人類社會的演進現象來說吧。像近代法國一位有名的社會學家孔德（A. Comte,1789-1857），學界人士稱他為「實證主義哲學的創建者」，他在研究人類社會的發展上，便注意到：從潛蟄到開發、由盲信到理性的直趨進昇，當是人類在他觀念的形塑、知識的建立，以及社會的形成上……等一種指導性的規律和原則。

這個事例，又說明了什麼呢？我們認為：儘管有人反對孔德的這種社會思想理論，也不贊同他以實證主義的觀點去詮解人類知識的形成過程，我們卻仍要表示：他確已留意人類與生俱來的知能，

如果是一直停留在原始階段，也就是類似本能的、蠻荒的初民時段，它就要像今日你、我所看到的—— 即：現今在我們周遭的地域，仍有一些現時代的「未開化的民族」，依然維續他們遠古祖先所遺留下來的傳統，過著原始石器時代式的生活。

或許，萬事、萬物早有它各自存在的定律吧。包括人的觀念、思想和社會……等建構在內一切人類生命活動的現象，竟是一直在變遷之中。

所以，我們就將發現：人類天生知能的茅塞頓開，應可視爲—— 即是人類的無形文化和有形文明開始啓動的一個契機。爲此，而衍生出世人開始對人後天智能的培育、理性思想的灌輸，以及各種才藝技術的教導……等生發出高度的興趣。

再說，由於學界人士的大力提倡，以及有相關單位與機構的積極呼應，普世人對知識內容的需索，遂如水漲船高般地有所奢求。西洋（尤其古希臘世界）自古以來在知識實質的追求上來看，便有它令人刮目相看的作爲與成就。

譬如，今日西方人士所誇口的科學、哲學、醫學、倫理思想、民主素養，以及建築、雕刻諸藝術的創作……等人類智慧的結晶，都可上溯自西元前七世紀以來古希臘人的努力經營。

當然，如果你仍要補充：約在西元前1500～2000年，發源自中亞（包括中東）古希伯來民族的宗教文化思想，以及西元前、後期的羅馬的法律與器物文明……等，又是整體西洋文化之得以成形的重要支柱。這時，可能仍會有人嚴正指出：真正促使西洋，乃至全人類文化形成的古代搖籃之地，當推兩河流域（按：希臘語便稱它爲「美索不達米亞」）的古代文明……。

總括以上所言，全人類文化和文明起源的真相是如何？以及在這期間，人類知識真實演進的情況，又是怎樣？這可要留給那些極

度關心、且又積極在研究的專家學者們去偏勞與費心。唯截至目前為止，我們所能知曉的，仍是各民族、各文化系統，或標榜本位主義的各學群、各學派人士的言論，依然各說各話，自以為是。

祇是，綜觀現有人類的認知體系暨其要素，我們差可作出一些簡單的區分；也就是可把知識廣義的列分成下述各樣的等級：

一說是：常識→知識→智識→智慧。

二說是：感性知識（按：有關大自然界暨歷史知識）→倫理（道德）知識→宗教知識。

三說是：神話知識→哲學形上學（思辯）知識→科學（實證）知識。

四說是：科學知識（地學）→哲學知識（人學）→神學知識（天學）。

五說是：神話知識→形上學（含：想像）知識→概念知識→科學知識→荒謬（按：宗教信仰）知識。

六說是：地上的知識（智慧）→天上的知識（智慧）。

特別是，在這幾類的學說之內，其中的科學知識，在今日尤其被賦予廣闊的內涵，而成為時下莘莘學子們熱烈追尋的最愛。因為，它學門的寬廣，可包括了所謂的：人文學（一作：人文科學；文、史、哲學……等學門，都被含括了進去）、自然科學、社會科學、生命科學、工程科學、應用科學，以及管理科學……等，實在是名目繁多，幾近無所不包，不一而足。

只是，在今日一般人都醉心於科學和科技思想的重大突破，以及高唱要建立什麼知識經濟的體系與社會之際，不少憂心人類存在的危機，以及掛懷你、我生命意義的喪失的睿智哲學家們，多起而大聲疾呼：批判科學，回返人文，重視人性，關懷生命……等。

其中之一，前述當代德國學醫學和法律出身的存在哲學家雅斯

培，就表達了他個人的看法。他這樣指出：

（1）科學追求的事實知識，其實，並不是有關人存在的知識。因為，科學知識是個殊性的；它祇關切特定的對象，而不關涉存在本身。

（2）科學本身並無法回答有關它自身的意義的問題（有如，人作這樣的研究，或那樣的探討，究竟是應該的？還是不應該？……等）。

（3）科學知識因為提不出有效益的價值，所以，並無法提供人類生活任何的目標暨指引。

《存在哲學》·導論，雅斯培著

　　從雅斯培這種批判科學而重視人類存在意義、生命價值與生活目標的論調上，不知你、我會作何感想？的確，從今日普世社會一般的發展上來看，科學思想的普及全球與科技成就的造福群生，這是一件有目共睹的舉世大事。

　　坦白的說，從舒適便利的角度來思考，我們今日拜科學和科技產品之賜，可謂何其的多。就從一個簡單的小家庭來說：我們每天的食、衣、住、行、育、樂，多半是離不開所謂的科化產品。一旦離卻那些平日仰賴甚殷的電化器具、科化產物，可以想見，我們一日的行動，便變得多麼的遲鈍不便，是那樣的「苦不堪言」呢！

　　可是，話又說回來，我們都可進一步來思索一下：你確實快樂嗎？就算有了上述多便利的事物充斥在你私人的生活空間裡，你的生命意義、精神價值、踏實的生活感受和真實存在的希望……等，就因而增進了不少？也許有人會說：是的！是有一些增進的感覺。

　　不過，或許也有人會表示：沒有啊！方便雖是方便；可是，你

看！我目前的心情，卻因為昨天和某某人吵了一架，到現在還未平復下來……。你說，我們公司，昨天毫不預警地將一些員工資遣了，我是其中的一員，我會因此快樂嗎？……

或者，還有人會向你提到：你看看，報章上就登了這麼一條斗大的新聞，你不知道嗎？有某某大亨，雖曾住在市價上億的豪宅裡，而且還擁有不知多少的房地產、上市股票……等；但是，當他不幸死後，他大房、二房這兩三妻妾和各自的子女們，就開始爭奪遺產，鬧得全家大小雞犬不寧，為已不太平靜的社會平添了不少佐酒的花絮與題材。

你想：懷有金錢，擁有權勢，還有龐大的家族……等這些有形的存在事物，人就一定會因而終日快樂？可鎮日高枕無憂？想來，恐怕是未必！

顯然，一個人真正的滿心喜悅，真正擁有精神上實質的快樂，並不必然要靠外在的、有形的事物來添加；也不必然是憑藉便捷的科技產物來提供。

在此，也許可試作一個反思！那麼，我們是否可以這樣說：非外在而是內在，非有形而是無形的「事物」或「力量」，可來決定一個人內心的喜悅與快樂？或者這樣說，一種能關注你、關懷我每個人內在心靈需求的「事物」，真的可以提供我們內心的快樂與喜悅？

西洋當代的人文思想家或有神論的存在哲學家，可多是抱持著這種看法。如前述的海德格、雅斯培、祁克果，甚至法國的馬塞爾（G.Marcel,1889-1973）……等人都是這樣。

因為，他們多看重內在甚於外在；強調精神的能力甚於物質的力量；重視主體的自我覺察，甚於對客體世物不斷的追逐……等。更有甚者，他們還鼓吹主體知識的有力建構，甚於對客體（思辯）

知識不時的累積……等。

　　以下，且舉主體知識的建構對你、我的重要來說明：主體知識的建構，在人們探討和尋求真知識，即生命智慧的歷程上，所可能扮演的角色。

（三）主體知識的建立

1.伽達美強調主體性的人文思想

　　首先，來個開場白。記得，時令剛進入公元2000年1月1日的時候，坊間曾有一份報紙，即刊載一位記者甫於前些時日採訪當代西洋人文社會科學界的大師級人物伽達美（H.-G. Gadamer, 1900-2001），請教他對當代人類的科學演進與知識真理的看法。

　　如果筆者記憶不差，還記得在採訪過程中，伽達美曾明正提到：今日人們所使用的客觀的科學研究方法（按：觀察、實驗……等），其實還無法達到，並擁有所謂的真正的真理。當然，除了發表這樣驚世的看法之外，伽達美也針對採訪記者所提出的其它問題，都一一的作答。

　　看完這一則報導之後，當然，是把它留下，並剪貼在個人保存的資料庫中。說到伽達美，如果你是一個研究當代西洋人文社會科學思想的學子，想必，對他的思維取向並不會陌生。因為，在西洋六○年代，曾發生幾場有關詮釋學（Hermeneutics）思想問題的論爭，伽達美這位學界健將，就不曾缺過席。

　　此間，因為學術觀點的不同，曾和他有所爭辯和抬槓的學界人士，即有貝帝（E. Betti, 1890-？）和哈伯瑪斯（J. Habermas, 1929-？）這兩人。後者，在當今西洋的社會科學思想界和批判詮釋學界，還是一位響叮噹的有名人物呢！

　　我們為什麼要提伽達美這號人物？因為，他關心主體知識，關切主體真理的無上價值性。據載，當時和貝帝所發生的學術論戰

中，貝帝所反對的就是：伽達美一味堅持你、我個人在接觸我們周遭的事物（按：指外在的、有形的、客觀的事物），並試圖理解這些東西上，乃不能缺少同時還要對你、我每個人自己存在的史實性（歷史性）有所反省和認知。

這也就是說，當你在認識外在事物，並進行理解它（們）的同時，如果沒把作爲「主體個人」的你的存在的史實性一併考慮進去；那麼，就算你認定你已經認識了，並理解了對方，那也是一知半解。甚至還能夠說：你根本沒有認識，也沒有理解對方。

因爲，當你在進行認識和理解外物這個活動中，當下的你已經把你自己的存在（史實性）遺忘掉了。

關於伽達美這一番的用心，在一般人的眼裡，可能並不算是什麼。說不定，還會把它當成是一位哲學家愛酷、好標新立異，並故意與眾不同的奇特表現。但是，筆者認爲，如果將它扣緊我們所關切的主題，即：生命教育，以及它之關懷你、我每個人的生命意義與價值……等課題；那麼，伽達美的這種強調主體性（按：指你、我每個人的存在主體性）的人文思想，在我們著手努力探討什麼是眞知識？進而，以把握所謂的「生命智慧」，可是有相當大的推助作用。

2.祁克果的創思

在此，很想提出一件事，就是：根據筆者的瞭解，伽達美曾經研讀過前述當代丹麥的宗教存在思想家祁克果的作品，並且對祁克果的關注存在、強調存在眞理暨主體眞理……等思想，相當的嫻熟。

伽達美推崇個人存在的主體性，以及主體眞理的價值……等論點，多少是受到祁克果存在思想的有力啓發。

爲什麼會這樣說呢？我們來談談祁克果如何論述其主體眞理的

核心思想。

簡要的說，祁克果版的主體真理觀，一者，是重視你、我作為存在個人的這個「主體性」。二者，看重每個主體自我的反思，而以個人存在生命的極致發展——即：要達到「永福」這個超世境地——作它開示的終極對象。三者，逕視你、我每個人，即每個存在主體，都是一個精神（靈）運動的主體；而以追尋個人生命的永恆歸宿，作他在現實人生中奮求的最高目的或絕對目的。四者，關聯到基督教（按：宜指原始屬靈的基督教）所提供的信仰真理與永福的允諾，而主張信仰，即作為一種可超越人有限的理性能力的「無限激情」，當是一個人之擁有主體真理或真實生命、真實智慧的唯一憑藉。

讀者是否認為上述的陳說太過於艱澀，又難懂？是因為它太過於有學理性、宗教性、玄思性和論辯性的味道？其實，如講明了，應不致太難以理解。

基本上，祁克果認定：一個人如果先重視自己，先認識有限的自己，先留意自己的生命意義，先關注自己存在的極致發展，先考慮自己在有限時程中的主要追求，先追尋攸關個人未來福祉那倫理上絕對的善（又作：至高善，和前述的「永福」相當），以及先反省自己是否已真正擁有了永恆生命的最高智慧……等；那麼，接著才以餘力去作其它的事，有如，作文學的想像、心理學的試驗、哲學的構思、科學的鑽研、倫理學的探討、美學的研究、藝術的創作、宗教（神學）的詮釋，或社會事務的積極投入……等，他便不會本末倒置了。否則會因為他已（先）擁有個人真正的安身立命之道，而必不致終日惶惑不安，無所適從。

在這裡，試引一段他本人曾用心比較兩種不同人格的心靈世界，以作一印證。他說：

有宗教（心）的個人，是作內向反省的個人；他存在地意識到自己是活在變化的歷程中，而且也和永福保有一種關係。

又說：

介在於一個宗教人，和一個未用宗教（敬虔）方式以改變自己存在的人之間的差異，已變成了一種可笑的差別：（其實）宗教人係把它一整個生命，應用在覺察自己和永福有一種的關係上；而其他的人，卻沒有這個問題的困擾。……

〔請注意：宗教人的內心，都能自滿自足；他作內觀，卻未忙亂於一些無意義的牢騷。〕

《附筆》‧第二書

二、人際關係的圓融——利己利人

（一）思忖動物世界的另類生活

說到人際關係，你、我首先應當知道：我們人類，或者說，我們每一個人自出生在這個世界上，確實是無法離開人群，無法與別人隔絕而遺世獨居。因為，人類幾乎和其它動物的命運一樣，是群居的「靈長類動物」，是「有智慧的生命個體」。

在這裡，之強調人是群居的靈長類動物或有智慧的生命個體，主要用意自是：企想凸顯人是自覺性強、社會互動性高的一種生物個體。

當然，有人也許會不滿的表示：你看！在動物世界，那類的生

物，有如，猩猩、狒狒、羚羊、麋鹿，甚至蜜蜂、螞蟻、雀鳥……等，哪一種動物或生物不是群居性強的一群？再說，難道你祇見到人的社會互動性高的一面，因而就想一竿子打落水式地完全抹煞動物「社會」也有牠們互動的現象和事實？

針對這種緊迫盯人的詰難，其實，不要說是你，就是我，也是很難加以辯駁的。不對嗎？說實在，每當看到報章刊載我們的社會，在哪裡出了差錯；在哪個地區發生了滅門凶殺案；在哪個單位有人因為貪贓枉法，攜巨款潛逃；或在某地方某大家族，其族內的親兄弟間為了爭奪家產，雙方因而相互結怨、反目成仇……等消息；這時，最教人心寒，也令人聯想到的是：那些在天上飛的蜜蜂和在地上遊走的螞蟻。

為什麼？因為牠們的社會應該不會像我們人類社會這樣的錯綜複雜，這樣叫人膽顫心驚。

就如，雖然蜜蜂在你一不小心或故意觸動牠的巢穴時，可能群起攻擊或螫你，而使人恐懼和討厭；但是，平日如果你能以遊山玩水般放鬆的心情和觀賞美物的情懷，細細品味蜜蜂嗡嗡的世界，你就將發現：啊呀！真是太不可思議，太不可想像了。蜜蜂的哥兒們、大姊大，這些由一大群工蜂和母蜂所形成的群居社會，居然是一個和樂融融、高度分工、組織嚴密、行動有序、活力有加，以及充滿另類智慧型態的美妙世界。

再想想：牠那築建有稜有角的巢穴的智慧，以及只問採蜜、只求工作的勤奮與毅力，到底是怎麼來的？豈是我們人類教授牠們的？或是牠們後天經由不斷的學習和揣摩而學得的……？想想，這一切的一切，實在都出乎你、我有限的心智與想像之外。

至於螞蟻，這種被視為「雄兵」的偌小生物，牠們的社會情況，幾乎可說跟勤勞的蜜蜂大軍不相上下。因為，牠們無不是勤奮

可見、禮貌過「人」，而且還似擁有一種先天的「預知」能力呢：在寒冬降臨大地之前的歲月，或者說在每一秒、每一分、每一時、每一天、每一月、每一季、每一年，為了囤積過多的糧食，都能不斷的工作，再工作；搬呀搬地，看似永不疲倦、從不喊累的樣子。

若果不信，你應可以隨時彎下身、低下頭，看看你腳底下的四周，或者梭巡牆角啦、樹蔭下，或任何有麵包屑、餅屑掉落的地方。你總會瀏覽到那些經年好似不停在走動、不時在搬運，甚至就當彼此相遇時，每每會禮貌地停頓下來，先示個意在往前行；不然，就是馬不停蹄般地急速返巢，不久便呼朋引伴前來的偌小生物——牠們實在是值得你、我給予高度敬意和虛心效法的「螞蟻雄兵」。

（二）人類社會的特異性

我們所看到的動物世界雖有以上溫馨的一面；但是，不容否認，我們更可見到：有些，甚至絕大部分的動物，為了身旁的獵物而彼此較力，不惜廝殺而呈現慘不忍睹的景象。不過，比起大家能相安無事、和睦共處的群居生活，那種在動物世界中為了爭食掠物而動粗的情節，想必這是牠們成長過程中一段必經的小小插曲。

但是，反觀我們人類的社會，情形就有顯著的不同。理由是，你、我可不要淡忘了：我們人類是有心智的、有自覺意識的和有精神追求……的人。因此，人類的社會，可以說，主要是藉由人的內在心靈、理性活動、經驗作為、創意思想，以及知能、情意和想像的參與……等協同合作才建構成的。

雖然人類的社會和動物的社會，容或有組織結構上的類似性——例如，同樣需要相當勤奮工作的成員、分化嚴密的協調機制，以及有勞動、努力生活的目標……等；不過，談到道德性的自覺，人性可不斷的提昇，以及對生存智慧的累積和淬取……等，對

這一切價值與美德重視，應是其它的動物社會或生物世界所沒有的。

　　人類因爲有這一些得天獨厚的優異性，那麼人在社會中的人際關係，究應如何適切的建立？從而，能由動物社會的成員之爲了掠食而不時過著你爭我奪的低級生活方式和生活認知，逐漸提昇到人人可以過著福國益民、利己又利人的和融的群居生活和模式，這就大大考驗了你、我每個人之對人類生命意義的認知，以及對人、我關係和情誼價值的認識程度到底有多少？

　　今日，盱衡整個人類的文化、歷史暨社會的演進過程，我們多將瞭解到：往昔人類的歷史、社會於某一時期或某個時段的形成過程上，可說是不乏有騷動、戰爭、殺戮、暴力和社會結構的重組……等現象的發生。

　　爲什麼會這樣？也就是問說：人類社會爲什麼會出現動亂？會有戰事？會有仇恨？會有你爭我奪？會以暴易暴相向？以及恨不得會有想把仇敵趕盡殺絕而後快……等的心念與行徑？

　　在不知什麼是眞正原因的情況下，有些專家、學者們，就會這樣來告訴你、告訴我說：這是以前怎樣又怎樣，是有某某人、某個暴君、某一昏臣、某一極權、某一政客，或某一英雄志士……等，他（們）爲了自己的私慾、爲了自己的權勢、爲了自己的政治前途，或堂而皇之自稱是爲了國計民生……，終而發動了叛亂、啓動了戰事，或鼓動起「聖戰」所必然發生的結果。

　　對於專家、學界人士提供給我們的答案，相信的人有之，質疑的人亦有之。儘管歷史眞相難以原原本本的還原，我們卻還得面對當前的世道人心，以及仍需從中思忖出：什麼才是對你、對我每個人最是有益，而且最能被同情地接受的美好人際觀？

（三）圓融人生的思維

　　以下，是在擺脫不必要對人類的歷史、社會所曾發生過種種不愉悅的事件妄作臆測的包袱，我們試想提出可以助益於建立一種既是益己又益人、利己且利人的圓融人生觀。

　　可望這種的思維，能夠對今日人們心寧的紛擾不安，尤其當有人在面臨個人生命抉擇的關頭，因碰到自己難以承受的重擊，遂而萌生厭世或棄世的愚蠢行徑之帶來的社會騷動，而有一個平抑的作用。

　　1.如何調適自己的心緒？

　　（1）人是社會群居動物，也是環境影響下的產物。雖然有人會說，人人都有自主的意識、獨立的判斷，甚至還擁有能適應他（她）周遭的事物與情境的某些能力；不過，如果我們稍微冷靜，仔細的思忖一番，你就會知道：人在有些時候幾乎可說是一個相當脆弱、又無用的人呢。

　　為什麼？因為，我們往往在某個時候，在某一情境，在某一事情或在某個問題之前，總是驚慌失態、不知所措。特別是那些最叫人困窘、無助、絕望的事件上，總是如此。

　　可不是？像在此時，我們心臟心律的振動可能漸次的加速，也可能前、後作不規則的跳動。當然在這種情景下，身體內的血管已開始賁張，血液流動急速；因此，很可能一下子就沖昏了先前腦際原有的冷靜。

　　同時，雙手掌和腳底也許會滲汗；情緒一旦有了起伏，以前曾有過不快的記憶與經驗，可能在此間，也接著竄出以助陣。

　　此外，一向我們一心所感受的外在世界，包括你、我所熟悉的身旁景物，知稔甚久的親朋好友，努力想去嘗試的工作，或者對美好未來的想像與憧憬……等，可能就在一時之間，好像因我們已失

憶般而褪去它（們）原有的風采，並喪失它（們）各自獨立的存在價值。

這種落寞、淒清又孤寂的景象，經常在夜闌人靜的時刻襲上你、我每個人的心頭。特別是在淒風苦雨的日子裡，這一種的遭遇或這樣的挫敗，則會加劇你、我每個人內心的苦況，而叫人難以承受。

（2）要如何排解？到底有何方法呢？人生的日子可真是苦啊！我們認為，如果一個人心裡有寄託或有信仰可供依靠，這還算好。因為他或可倚藉移情作用，或者憑靠信心的交付，把個人內在積壓已久的重擔和精神的苦悶，完全交卸給他信奉的對象。

這時，他先前所遭逢的困厄或思緒的極度低潮，可能很容易漸次被化解；從而因禍得福般地，帶給他的心靈一種暴風雨過後的寧靜。

關於這樣的神奇經驗，在那些平日信仰虔誠的人當中，可說是他個人人生歷練的家常便飯，而不覺得有什麼突兀。而在那些信仰不冷不熱或者冷淡，而且心中又無啥感動的人身上，前述信仰上的「奇蹟」，對他們來講，可說是鳳毛麟角般的稀少，甚至會感到很不可能。

至於一般人或有如已提過的自然人，他們如碰到上述那種人生難以解開的痛苦，或者說，他們如無法排解因外來的打擊而招致個人極度的創傷與內心的痛楚；你想，他會有何立即的反應？豈會蠻不在乎或嘻嘻哈哈的視它為平常，而不屑去管它？抑是嚴肅以待，強作鎮靜地傾他所有的能力，並尋找所有可能前來的奧援，協助他解決個人所面臨的難題？

不然，是否有人因而就舉起雙手，並豎白旗而向緊逼而來的困頓和苦境投降？……

今天，我們從坊間得到的消息，報章上的平面報導，以及電視台立體播報的資訊中可明瞭：那些敢面對他天生下來的苦況（有如，殘障朋友、染上先天遺傳疾病的同胞……），而由逆境反撲、力爭上游的可不少。

祇是，頗令人遺憾的，另有些人天生下來就是有好手好腳，甚至長得壯碩、又一表人才，卻不知為何緣故（可能是家人給的零用錢過少；或在暗地裡賭博，而賭輸了錢；或者因交友不慎而致揮霍無度……等），竟然心生歹念，不是敢於登堂入室，明目張膽擁槍、持刀搶劫，就是趁夜強盜、脅迫夜歸的女子……。

看來，他們這種邪佞的行徑和不齒的作為，祇會把個人無法自力解決的困厄暨痛楚（也許，根本沒有這方面的困擾！），倚藉非法律所能容許的方式，強加給無辜的受害者。這樣的一種反常現象，真可說是常常上演在你、我所熟悉的社會舞臺，甚至還一直有它的連續劇呢！

此外，有一些人在挫折的自譴中，則不敢鼓勇面對自己，不敢去面對社會；甚至不想面對他（她）仍需肩負起道德義務或責任的親人。他鎮日閉門不出，甚或滴水不食，而自任自己的氣血衰敗，終致疾病纏身，而不久於人世。

再者，還是另有一部分人，則乾脆以所謂「眼不見為淨！」「一走了之！」的厭世、棄世心態，在痛苦難熬、求助又無門的絕境中，便以仰藥，或以服毒，或以舉槍自戕，或以瓦斯引爆，或以跳樓，或以投河……等方式自殺而了結自己的一生。

你想：後幾類人的思想行徑，豈不是很是叫人扼腕、不解和同情？……

常言有道：「雨過天晴！」、「柳暗花明，又一村！」、「退一步路，海闊天空！」、「山不轉，路轉！」、「九死一生！」、「起

死回生！」、「人生的盡頭，就是神的起頭！」、「兩岸猿聲啼不住，輕舟已過萬重山！」……這一切的智言慧語，應多在喚醒世人，告示你、我：人生的事情，雖有十之八、九的不如意，但是，祇要你、我心存明智，思慮沈穩，不隨意激動，行事又力求中庸，不偏左、右；如此，就算有大風大浪接連進逼、侵擾而來，皇天當是不負苦心人的，祂應會給予調解、協助。所謂「天助自助！」，便是這個意思。

又，此一自求多福的營生信念，定有助於你、我撐過人生命運的黑暗時期。

（3）是以，承以上所言，論到「如何擁有一種圓融的人生思維？」我們認為，首先要被提起以及應該鄭重強調的，就是：每一個人，包括你、我在內，都應反躬自省，把調整自己的心緒當作是一件首要的工作。

因為你、我不應不知道：所謂的「人際關係」，其實它就是奠定在你、我這每一生命個體或社會成員彼此之間的互動和關聯上。而成員與成員的好、壞，可說是決定彼此雙方相互關係的優與劣；這是一個不言可明的道理。

因此，我們就想指出：調整自己，調動自己的心緒，以符合社群人們美好的期待，當可視為迎向一個好的人際關係或圓融人生的重要開始。

2.如何面對溝通的困境？

（1）當某人和別人相處時，換作你、我也是一樣，不論彼此雙方的關係，是朋友、是夫妻、同儕、老闆與員工，或上司與部屬……等，經常就會聽到這一類的流言：啊呀！張三（張先生、張太太或張小姐……）這個人，人真是好，實在是很好相處。你看！他（她）的外在長得雖不怎麼起眼，可說是平淡無奇的這一種人；可

是，他（她）的人性情溫和，言談有節，又很平易近人。

李四呢？那可就不一樣了。一旦和他相處起來，總是給人有一股壓力，有一種莫名的感覺；可以說，就是教人渾身不自在，有一點不知所措的感覺。

看來，他這個人好像城府頗深，心機又很重的樣子，在共事和言談之間，如果不仔細挑詞用字，小心來應付；啊，完了！好像就快要被他吞吃入肚，被他踐踏在地上了。

以上，這兩個在平日生活上你、我都會碰到的例子，可以說，是不斷的複製和大量充斥在人與人之間的交往關係上。

說實在，人除了是一種理性的動物，祇因他有獨特的認知能力、自覺能力……等，卻也能夠稱他也是一種感情的動物。因為基本上，人的存在於世，就需要有感情、情誼、愛情來滋潤他的心地，使他能夠如花草般的需要雨水的澆灌和陽光的照拂，而健康的成長、強健的茁壯。

（2）感情、情誼或愛情應如何表現出來呢？可以說，大概有兩種方式：一種是無言、無語、無片言隻字的表示；那就是以身體的行動、肢體的行為，或用一個愛的眼神、和煦的笑容、默默的期盼與祝福……等來傳達。另一種則是有言有語，或輕聲細語，或諄諄叮嚀……等聲音的表現。

這兩種方式容或有所不同，目的卻是一樣：務使甲方對乙方的關心、關切、垂愛或戀慕……等，能夠順暢地、不被扭曲地傳達給對方。

而此中，最重要的因素是什麼，你可知道嗎？便是：「愛」或「真愛」。愛，這種東西（或：可稱它為心力、情愫、能力、動力，或濃烈的激情……等），看來是無形，難以目視；因為，愛並不具有任何可見的實體。

不過，我們卻常聽到有人這樣說：人人要有愛心；愛情存在他們兩人之間；父子的情感或母女的情誼，是天經地義、長久不變；以及感情有如風浪，會潮起潮落，需要你、我來呵護與培育……等。

愛何以能被視為人與人之間的情誼，或可維繫人與人之間的感情、愛情和戀情的一股力量？說來話長。試舉一例。

記得幾年前那一次中部埔里的大地震吧。那時，可說不僅中部地區的災情慘重，就連台灣的南、北部，各地都有大大、小小不等的災情傳出，有的地方不是樓塌、地陷，就是有人失蹤、財物損傷……。真可稱得上「有如世界末日般的恐怖」。

又，在這次地震期間，不知是否也記得有頗溫馨、感人的一幕？那時，真的是有錢的出錢，有力的出力；很多人、很多機構都投入到災區的重建工作。且由於台灣這次的災難報導，一夕之間透過國際衛星的傳播，很快就周知到世界各個角落。

不久，你知道嗎？你、我都看到有別國的國家元首和主政人士來電慰問；也有鄰國的救難機構，主動前來提供臨時組合屋，以及其它相關的器材與裝備。

而最令人感動的，莫過於是：在國際間，不論是友邦或與我國並無邦交的人士，他們多協力分從各個不同地區，各組織大小不一的救難隊前來協助我國災區的救難工作。

你可想想：先前我們跟這些外國來的人士可是不曾來往，也不曾談過話。當然，就說不上對彼此的想法，或彼此的心思行徑能有多少瞭解。但是，在這期間，想必都有一股的暖流，緩緩流在彼此的臉龐上、心坎內。

我們可以這樣說：它是兩方在言語難以溝通的情況下，一種被當成最得人緣的親善大使——它就是「愛」。「愛」使你、我心與

心結連在一起;「愛」誠然點燃了人性潛在的光輝;「愛」更拉近了你、我彼此的距離。

（3）今天，你、我都知道，我們大家都需要愛。尤其我們在所生存、所寓居和所打拼的這個社會中生活，更需要有愛作你、我之間溝通的橋樑。

因為有了愛，就能克服彼此言語上的障礙;有了愛，就能促進彼此的情誼;有了愛，就能化除彼此曾有過的心結與敵意。當然，如果有了愛，你、我自能夠從健全的角度，調整自己之對別人的態度。

你看!從標榜「神是愛」的基督教之教導愛人的訓義上，我們可瞭解到:愛，對一個人的律己、待人與處事……等各方面，可扮演了它指導、規勸、合宜、正義與合乎真理的角色。像它教誨著:

我若能說萬人的方言，並天使的話語，卻沒有愛，我就成了鳴的鑼、響的鈸一般。

我若有先知講道之能，也明白各樣的奧秘、各樣的知識，而且有全備的信，叫我能夠移山，卻沒有愛，我就算不得什麼。

我若將所有的賙濟窮人，又捨己身叫人焚燒，卻沒有愛，仍然於我無益。

又說:

愛是恆久忍耐，又有恩慈。愛是不嫉妒;愛是不自誇，不張狂，不作害羞的事，不求自己的益處，不輕易發怒，不計算人的惡。

不喜歡不義，只喜歡真理。凡事包容，凡事相信，凡事盼

望，凡事忍耐。

愛是永不止息……。

林前十三：1-8

啊！這誠然是一則偉大的「愛的詩篇」、「愛的大憲章」。研讀起來，可眞教人汗顏。

先不論你、我是個某某教派的信徒，是某某教團的信衆，還是一般的俗衆，或所謂的「自然人」、全不沾染任何宗教思想和信仰的人，光從你、我要有眞誠對己（如：不自誇、不張狂、不求己益、不輕易生怒氣……等）、以愛待人（如：有恩慈、不嫉妒、不計算人的惡……等），以及敬謹處事（如：恆久忍耐、不作害羞事、不喜愛不義、只喜歡眞理、凡事包容、凡事相信、凡事盼望、凡事忍耐……等）這幾個方面來談我們每個人的待人處事之道，委實可以說，那樣的高行事做人的尺度與標準，究竟有幾人能完全無疏漏的一一做到？

看來，要在你、我所生活的社會中找出能符合上述這種完美行事尺度的人，也祗能在那一心一意皈依他們信仰上的主的人身上才找得到。一般的世人，也祗能努力，再努力，或「望洋興嘆」；或者還依然我行我素，照樣過著自己所喜歡的生活方式。

或許，就因爲每個人擁有他自己的自由意志和所謂的「獨立的思考」，每個人多按著自己本性的驅使，而表現出內在的喜、怒、哀、樂，以及恩、怨、情、仇；你想，我們這個社會因此就變成什麼樣子的社會呢？再者，人、我彼此之間的關係，又成爲什麼樣的關係？結果，應是可想而知。

如果愛在每個人與自己之間，在你、我之間，在人、我之間，在他人與他人之間，甚至，愛在每個人對事物（如：事情、事件或

事項……）等之間若是漸次的缺少（有如，缺少了耐心、包容、信實、期待……等）；自然而然，那會逐次增加的，定然就是愛的反面——恨、怨、疑、敵對、不義與惡了。

而，如果以上這樣的推理或推證可以成立，那麼，我們藉以解讀今日我們社會所遭逢的問題，尤其在人與人、人對事、人與自己……等各方面所呈現的病象暨危機，自可說是約已找出了它們真正的「病因」。

當然，如果有人要說，上述所推證理由不太充分；頂多祇可當成一種一般性或原則性的解說，而難以當成實際的「探針」，以探討出社會，尤其人際問題的真正原因。

這時，我們就想表示：若果實情和真相不是如先前所提——那種缺乏愛在社會中能真正形成一股推動你、我心思和行徑的潛在動力——那麼，大家應可以來研判一下：不然，你想，原因又會是什麼呢？是社會欠缺人性？欠缺真理？欠缺理想？欠缺演進目標？欠缺進步的誘因？欠缺多元價值？欠缺民主、自由？抑是欠缺法律、正義……？真希望大家多來思考此一攸關你、我每個人的切身大問題。

3.如何確立責任的意識？

（1）什麼是責任的意識？簡單的說，它是帶有某種道德訓義的要求的說法。尤其，針對每個人來講，它期待你、期待我要能以一個有自主意識、道德意識或德性意識的人，盡責地對待自己，以及對待我們周遭的「人」、「事」與「物」。

今天，我們每個人在面對每一天所碰到的人、事、物上，應不能說樣樣合意、順暢。而卻可以這麼說：人經常要不是遇事不順遂，不順心；就是在各自經營自己的人際關係上，就常常像是在治理一團亂絲，真是不理不亂，愈理愈亂，也很有可能將自己弄得整

日心神不寧、坐立難安。

　　為什麼會這樣呢？很簡單，有人就會指說：某一件事啊，本來就很複雜，它需要一個有頭腦、有智慧、有經驗的人，才做得來的。而我呢，我是何等人？怎麼能夠勝任？真是，還真倒霉，會碰上的為什麼竟然是我呢？……

　　另外也有人可能會說：你看！某某人呀，雖是我工作部門的上司，但是，在我看來，他卻沒什麼人品，也沒有作為上司應有的表率。他平時做人，雖然外表故作鎮定，看來也很正經；不過，私底下大家都很瞭解：他不是什麼正派的人士。因為，他在言談中喜歡偶爾夾帶些葷的笑話；就是在下班之後，也常不拒應酬和續攤的夜行生活。……

　　從這兩個小小的事例裡，你、我可注意到了什麼？它們豈不是在表明：一是，欠缺自信者，不敢有大作為的表現；因而，談不上敢盡什麼責任、不責任的。另一是，上司的為人，平時有欠穩重；為此，很難得到下屬打從心坎所發出敬重。當然，也因為他的私德可能有問題，而難以教人當他是一個中規中矩、有道德感和有責任意識的人。

　　再者，針對這兩事例所凸顯的一個問題，就是「責任」；不知你會有何感想？你可曾想到：不管一件事情是如何的複雜與困難，這件事既然形成了或出現了，自然就需要有人去面對和處理？

　　同樣道理，一個人不管他是如何的位高權重，何等的表裡不一，甚至裝腔作勢；終究，他還是要面對人群，還是逃不開人們偏用道德「透視」的眼光，對他作上、下的打量和德性的裁判。

　　特別關於「人」這個問題，可再舉兩個例子來輔助說明。

　　第一個是：中國先秦時代的孟子（372-289B.C.）。我們且來看看他是如何來衡量一個人的？是靠一個人身外的財富？他的有形外

貌？令人稱羨的權勢？還是他的社會地位？……顯然，答案全都不是。孟子是以人的內在究竟是否據有德性意識（包含道德責任感）來作評價。

換句話說，對孟子而言，一個人雖然外表看來像是一個人，也有人模人樣；不過打從骨子裡，一旦他欠缺內在德性的涵養與積累，這樣，就很難可以當他是一個「人」了。因為，他必不會有道德行為（如：仁、義）的表現。

像他就說：「人之所以異於禽獸者幾希。」又表示：「舜明於庶物，察於人倫，由仁義行……。」（〈離婁〉下：19）這差可以說，孟子確然是以攸關人倫、仁義的德行或德性，作為衡量一個人的基本標準。這裡的「一個人」，是指：極不同於了無理性、也無德性意識的禽獸。

第二個是：幾乎是和孟子的年代相當，古希臘後蘇格拉底時期的亞里斯多德（384-322B.C.）。他又是怎樣去看一個人（公民）的呢？視人要有「美德」才能被當成一個人。祇是，這裡所談的「美德」，對亞里斯多德來說，可不是來自先天的，而是分屬由後天的教育和習慣的培養所形成。像他就說：

作為一個好公民，不必人人具備一個善人所應有的品德。所有的公民，都應有好公民的品德；祇有這樣的城邦，才能成為最優良的城邦。

《政治學》，摘引自《人生哲學寶庫》，頁947

又表示：

美德有兩種，即理智方面與道德方面的。理智方面的美德的產生和發展，大致上是歸功於教育（因此，它需要經驗和時間）；而道德方面的美德，則是習慣的結果。也正因

為這樣，它的名稱倫理，即是由習慣一字略加改變而形成的。

從這裡也能夠清楚看到：道德方面的美德，沒有一種是由於自然而產生的；因為，沒有任何由於自然而存在的東西，能夠形成一種違反其自然的習慣。

《倫理學》，同上

以上，對兩個文化暨兩種人生觀點的對舉中，我們並不想去爭辯：到底一個人的美德或德行（包含德性），是天生自然就有的（如：孟子主張），還是後天要經由習慣的培育才養成（如：亞里斯多德主張）？

我們勿寧想提醒大家的是：一個人或一個好公民，他之能夠如正常「人」、健全「人」，以及理性「人」般的立足在社會裡、國家（城邦）中，以過他做為一個人所應過的生活，他就必須要有一種有別於其它生物、禽獸和非人性動物的自我認知。

這種攸關於人性、不人性，以及人類與禽獸的區別之認知，就我們粗淺的瞭解，那便是：一種道德的認知、倫理的覺察。

如果一個社會、一個國家的成員，多能感受到以德潤身，猶如以富潤屋的重要。並且也深知美德、品德、德性或德行，當是人民的社會生活暨群居生活的重要價值；如此一來，可想而知這個社會、這樣的國家，定是人間真正的淨土，是政治社會學中所追求和嚮往的烏托邦。

（2）反觀人類的社會學理中，則有人主張：「人與人如豺狼虎豹。」（霍布斯 Th. Hobbes, 1588-1679，英國人）、「他人就是地獄。」（沙特，法國人），以及「階級鬥爭是人類歷史社會演進的動力。」（馬克思 Karl Marx, 1813-1883，猶裔德國人），……等；這

卻在說明什麼呢？

它在說明：從另一種主觀的、低階的、社會病態的認知角度，可以觀察出，人類的社會互動、人與人之間的關係，以及所謂社會演化過程的背後，另外隱藏一隻大家都看不見的黑手，在幕後操控你的、我的生活步調和待人方式。實情豈真是這樣嗎？

不容否認，人與人的相遇頻繁、交接過於氾濫，難免會因為有私意的作祟，而產生某種認知上的偏差或某項利益的衝突，而從原來的你親我儂、你客氣我隨意的和融關係，轉變成疙瘩在心、反目結怨。

從一方面來講，這種反目結怨、心存己見一旦形成，可想而知，人與人的交往，或者說，某某人與他人的情誼關係，如何能順利維續下去？答案自然是負面的。

又，再從另一方面來談，這種各人心中俱存芥蒂，如嚴重到各懷鬼胎，各個窮究心機，以如何能置對方於死地而後快；這時，你應可預見：所謂「仇人見面，分外眼紅」的仇視心理，難道不會在當事人的心中隨時、隨地爆發和作怪？

不知大家是否還記得：先前，在我們的社會中，曾發生一起驚人的仇殺案件？故事中的當事人，即凶嫌主角，最後在走投無路時，傳聞他在黑暗中草草留下幾小張的遺囑，告知家人和社會大眾，說他為什麼會被逼到今天必須以殺人自戕的地步。

在報章和電視報導中，我們看到好幾處的凶案現場，而且被格斃的，至少有好幾人之多。據說這次凶殺的起因是：凶嫌一直懷疑他以前的工作，是因被人告密才遭到警方的查緝、破獲。最後，他是賠錢，還鋃鐺入獄。

這個當事人，從警方公布的照片上，看來是那樣的溫和、清秀和斯文，簡直可以說是堂堂一表人才。而叫人納悶的，他為什麼會

犯下這起看來很像是職業殺手以俐落手法所作的案件？而且，被他當場槍殺斃命的，據說就有他昔日的同窗好友。

這還不打緊，在更久以前，台北市也曾因為發生一件駭人的自家人凶殺棄屍案件，而震驚全臺。

故事中的男主角，是一位青年人。傳聞，這位青年因為不滿父親想變賣臺灣的家產並攜款前往大陸（按：該青年的父親，早先在大陸曾有妻室），而事先預謀殺害自己的父母，並將他們棄屍在市區中的某個停車場。隨後，因東窗事發，在警方根據線索尋線追查下，才曝露這件自家人殺害親生父母而震驚全國的人倫慘劇。

這個案件的報導，顯然曾引起社會多方的矚目，也挑引起犯罪學家對人性困厄、親情危機、價值紊亂、道德意識低落，以及人、我關係的定位……諸問題的注意。

當然，在此間會列舉這兩例子來討論，這並不表示，它們的可怕性和震懾力，是社會諸種案件中的頂尖事件。而是因為：它透露出人與人之間的關係之緊張，乃至破裂，竟是由人際間那最親密的親情、友情的質變暨惡化而開始。

畢竟，箇中的原因和瓜葛，可能不是任何一個局外人所能確切明瞭。不過，在此我們仍可承先前所提出的論點，就是「愛」這個要素或這股力量，在殺人、自殺或其它凶殺案等各種案件中，以及各當事人之間，顯然就是一個缺席者。從而，才會導致令人不勝唏噓的結果。

（3）從以上正、反兩面的對舉，以及藉事例來佐證，以闡明倫理性的美德或道德性的責任意識，之對人際關係穩固的建立的重要，它的基本情懷依然未變，就是強調以「愛」或「真愛」作為結構人際關係的核心。

因為「愛」的價值一旦能被社會大眾所接納，愛就足以替代，

並且能夠改變反目、對立、仇恨與鬥爭……這類違反人性進化的惡質本能或人的劣根性。

這種愛，由於是出自對你、我生命有基始上的尊重，也能包容對方個性上所摻雜的弱點；它就能在默默的接納與傳達中，**轉變**你、我累積已久的不良偏見，而使之臻於「溫、良、恭、儉、讓」的美好德性之境界。

而今日，你、我一旦警覺到「愛」的動力的重要，以及本於愛所確立的責任意識；這時，還須更加惕勵：不宜陷入有的宗教界人士所臆知的一種「危險」的生活情境。

這個危險，當然是指：在惡人行事將有惡報的審判之前那一段不知有多長的「末世」的危險日子。有關這個危險日子形容，是這樣子的：

> 那時，人要專顧自己，貪愛錢財，自誇，狂傲，謗瀆，違背父母，忘恩負義，心不聖潔，無親情，不解怨，好說讒言，不能自約，性情兇暴，不愛良善，賣主賣友，任意妄為，自高自大，愛宴樂……；有敬虔的外貌，卻背了敬虔的實意……。

《聖經》·提後三：2-5

你、我如果不謹慎，不多作自我省察，不從自己的心思行徑徹底的改變起；那麼你、我就要被劃入所謂末世世代那些不虔、不義、不仁、不孝、不忠與不「自愛」的人群中。而這些人的未來結局是什麼？想必，不用細說，大家都能明白。

結論就是：人人好自為之，多從自身檢討起。所謂「己立而立人」、「己達而達人」的推己及人之道，當是你、我的社會之能由剝返復、起死回生的唯一途徑。

三、美好事物的品賞──享受人生

（一）檢討對生活原則的堅持

做為一個人，如果他的人生僅僅是侷限在如何與別人爭相出頭，如何和別人爭競個你死我活；這樣一種人的人生，也未免太過短視，太過狹隘，太過緊張，也太過痛苦。

說實在，看看你我生活的環境，有人就是以不服輸的心理在生活。他不僅對自己作這樣的要求，也要家人陪著他過這種激情式的人生。有如：要小孩自小就學這個、又學那個，希望在他（她）人生的起跑點上，能夠不輸給別人；或要大兒子、大女兒怎樣努力的用功，力爭上游，而總以望子成龍、望女成鳳的心情，激勵並期待後生能夠怎樣的來光宗耀祖，好讓他（她）能昂首闊步於人生道路上。

如果各種條件能充分具備，抱持這種人生態度去生活的人，也大多能稱心如意，好像沒有不達到自己當初所立下的宏願與目標。但是，偏偏經常事與願違，就算為人長輩或父母的，有他遠大的志向與生活理想；但是，小孩或他所期待的兒女，卻不見得能完全配合，以實現他堅持的個人原則和生活志向。

也許在現在，我們還能看到這樣的一則報導：某某大學有某一學生，由於所讀的科、系與自己的興趣不合，因而一心想轉系、轉學或輟學，以等明年再重考，希望能進入他（她）理想的學校就讀。但是，偏偏他的志趣，有家人（尤其父母）的反對，而致該生整日心情鬱悶，無處投告和申訴。最後，卻不幸走上自殺的不歸路。

我們也曾聽到這一則消息：有某校的高中生，他在班上可算是數理科數一數二的資優生。由於他個人識見廣博，思想新穎、前衛又先進，致使在平時與同學相處上，往往不是那麼融洽，而經常有

被人冷視、排擠或孤立的感覺。最後，不知怎的，這個同學顯然無法突破個人內心的困境，而跳樓自殺了。……

從以上兩則看似極端，而卻又攸關人生抉擇的的事例裡，我們應可看出：對人生有一定的堅持，或者說，對個人生命的意義與方向的主觀認知，往往就決定了一個人的生活方式與對生命的態度。

現在，想必作為一個讀者的你、作為筆者的我，各人也自有個人的人生志向與人生態度。

至少在這樣的一種情況下，我們都會認定：我現在的、當下的想法，最符合我自己目前的想法與志趣。因此，我就是喜歡用這種觀點、這樣想法來生活。因為，它能帶給我最豐實的感覺，最大、又最真正的快樂。

真相或實情難道是這樣嗎？豈沒有另外一種人生觀點、生活態度或生命思想，可來給予我們另一類的存在感受？並且能提供給你和提供給我一種最真切又最真實的喜悅？

(二) 敞開胸懷，宏觀四野

在這裡，筆者很想建議的是：多用點悠閒的心境、摯真的情懷，去品鑑或欣賞你在周遭隨時可碰到的事物。譬如，大至萬巒綿延的青山峻嶺，小至纖細、玲瓏有致的微雕精品，強如萬馬奔騰、氣勢磅礡的飛瀑激流，以及弱如一株株迎風搖曳的小花、嫩草……。

當然，如果你要說，那浩瀚無垠、一望無邊的渺遠天際，甚至夜間那容納下繁星點點、星團銀河的穹蒼，它才稱得上是奇大的景物……。這一切，無非都可當成你、我隨時可信手拈來，或隨地能佇足定神觀賞的美好景物、炫麗的對象。

為什麼要作這樣的一種思維？其實，是沒有別的用意，筆者祇是認為：在人從事對自我生命本質的探索上，作為一個人，我們除

了要精進和敏銳自己的理智能力暨行動能力，以及強化以愛（真愛）作爲能溫馨人、我互動關係的觸媒之外；再來，如用一種敞開的胸懷，去諦聽和聆賞大自然美妙的樂音暨景色，那也未嘗不是人間的一大樂事。

因爲，它不僅能增加我們觸覺和知覺的敏感度，也深化我們對所生存的這個宇宙或大千世界有一更紮實的認識。而且，它應更能豐沛我們於經營自己的人生，以及參與社會人際關係的互動時所應具備的睿智。爲什麼？請見以下的分述。

試從三個角度來作個解說：

1.工作行動的座右銘：在學習中成長！

（1）談到生活行動，尤其工作，一般人總會聯想到：某某專科生或大學生畢了業，就要投入職場去討生活；而工作，便是唯一能夠滿足他生活之所需的唯一手段。

或有人會說：工作，就是就業；就業，便是工作。工作，是一個人、家庭主夫或上班族養家活口的主要經濟來源。

這樣的瞭解工作，在表面義上，應該是沒差錯的。因爲，它攸關一個人的生計、生活、生存和有關未來種種的生涯規劃等。特別在今日，在一片經濟不景氣與蕭條的聲浪中，有的工廠倒的倒，關的關，歇業的歇業，真是壞到谷底；而且，壞到教人膽顫心驚，對未來前途茫茫，未知如何是好？

你看看：有人就是爲了討生活，掙一口飯吃，維護他的工作權，便不惜上街頭、衝向立法院去抗爭。

坦白說，在現今市場經濟的導向下，資本強勢的財團、機構，就有可能影響人民經濟活動的方式；而一般的市井小民，就祇能任憑大富財團牽引他的生活步調。

因此，如何在各種勢力糾葛的社會環境中，爭取個人自己最基

本的生存權，可說是今日我們所瞭解的這個社會動態的指標之一。

（2）如何覓得一份稱職、又稱力的工作？可說是有它的機遇與困難。但是，如果已找到一份勉強還可以暫時出借自己的勞力（或勞心）的工作，你想：你應會何等的珍視它、寶愛它呢？！當然，會用盡自己一切的心神去維持，當是可想而知的一種普遍現象。此中，不敢說是沒有朝三暮四的人存在。不過，我們還是認為：「我喜愛我的工作，儘管它會耗費我多少的體力、耐力與心力！」應可視為你、我初入職場一種心理上的奠基石。

接而，隨著工作時日的延長和工作份量的加重，人在工作環境中的情緒，可能因而就會逐步的改變。

最早，是由原先的衷心期待，慢慢進入到冷靜的對待；之後，再從冷靜的對待，再次轉入到或維續著或準備離職的那種自我看待。（雖其有個例外，就是你工作的上司或職場主要負責人，在考量他本身的利益關係之後，可能會以迅雷不及掩耳的手法，即在未作預警的情況下，宣布裁員，而把你或你和其他人一併裁撤，以確保他自己的權益。）

在這裡，我們考慮的一個正常情況：你在工作環境中或在工作職場裡，是否想在工作之中以獲取「額外」的樂趣？這也就是說，你能夠在整個人的生命、體力與精神的投入中，除了可得到應有的報酬以作物質性的回饋之外，你還能從就業工作的過程裡獲得哪些有助益於自己的身、心，尤其精神的東西？

關於這個問題，如果問到某機構或某單位的一名員工，他（她）可能會回答你說：有啊！當自己份內的工作做完以後，能夠喘一口氣，能以稍歇一會，或伸個懶腰，或稍稍打個小盹，這就是我工作中最快樂的一刻。

又，你若問其它工作職場的人，也許他會跟你這樣說：有的，

我的組長（我們的老板）告訴我們說，如果你們好好把這幾件工作做好，我就額外放你們幾天的長假，到國外旅遊，好讓你們能夠休息、輕鬆、輕鬆一下。你看！很不錯吧？我們每天工作，辛勤的打拼，為的是什麼呢？為的就是：等著頂頭上司，能夠說出這些令人痛快的好話、快樂的美事。

的確，在一般的工作場中，抱持這一類的期待或心情的人，應可說是不少。說真的，在我們這個社會中，能夠保有這種心態在工作的上班族，則可說：他們真是樂觀、進取的一群。

反面來說，有人可能因為工作環境惡劣、待遇又差，遂而抱持得過且過的心理。當然，如果有「機」可趁，在工作中偶爾偷個懶，摸點魚，也是司空見慣的事。

這時，若果問起：你工作中的樂趣是什麼呢？如果能夠坦白，他可能就會這樣告訴你：老板不在，最好耶！你看，這裡的環境、條件這麼差，簡直是在剝削別人的勞力和血汗。如果有人在出賣自己勞力的打拼工作中，不想從中撈取便宜，那才是傻子一個！……

從以上的事例，也就是這幾位工作者的心聲中，想必你、我都會有一種同感：人們為了生活，他就必須做一種實踐的行動──工作。不管這個工作行動是出於自願、無可奈何或不太情願，他總會在工作中，想到如何促使自己獲得最好的「待遇」。

既然人都有忙中偷閒的想法，而且工作這樣的行動，看來，又是你、我在經營人生和追求自己的理想中所不可缺少的一環，我們何不調整一下對待非得工作不可的心理？也就是：何不從儼似為了生活而不得不工作那種被動的心態，**轉趨積極樂觀地去面對**；進而，更以欣賞自我如何為人處事、如何克服工作所面臨的種種困難的心情，來接受自己能力的大考驗？

我們應該可以把工作行動當成是一種自我志趣形塑的場所；或

者，也可以將工作視爲激發自己應事能力的試驗場地。而最值得注意、也應予嘗試的是：我們何不把工作當作是自己學習各種處事、待人的心態與方式的歷練所在？

我們之所以要作這樣的提示，主因當是：你、我可不要健忘，我們每天的工作時間，幾乎占去了一天二十四小時中的三分之一。換句話說，扣除你、我每日應有的睡眠時數，我們在正常意識內的活動（意識行動），可以說多是集中在白天你、我工作的時程裡。

因此，我們如果不能好好的利用或運用大白天工作的時段，以充實自我的知能；想想，我們還有其它的時間可資運用嗎？難道你會選在週末的時刻？抑是假期期間？顯然這都是不可能的事。

（3）以下，且引幾個工作名諺供大家的參考，並爲上述的若干觀點提供一種說明上的助力。

第一則：

人們在他們的工作中要得到幸福，就必須具備下列三個要素：（甲）他們必須適合這項工作；（乙）工作量不要太大；（丙）必須有成功的感覺。

　　　　拉斯金語，英國作家，摘引自 《人生哲學寶庫》，參前，頁261

第二則：

能找到自己工作的人是有福的；願他此外不再祈求別的福祉。……勞動就是生命；一旦工作開端得當，一個工作者從他的內心深處，是會迸發出他那天賜的力量的。……從他的內心深處，他是會被引入到一切高尚之境──一切知識之境的，不論是「自我知識」，抑或是更多的其它知識。

　　　　卡萊爾語，美國散文家，摘引自前揭書，頁261。

第三則：

不論哪一種工作，要確切地知道是否適合自己，並不是一件容易的事。工作自有它的深度，值得你去品嚐；而當初認為毫無意義的工作，經過幾年之後，慢慢地會產生興味，適應的情況連自己都會感到驚奇。工作進行當中，往往會有這種情形發生。

換句話說，工作愈做愈有味道；只要能耐下心來，慢慢自然會產生對工作的興趣和喜悅。

……體會工作的要領，並不是一件很容易的事。如果不是全力以赴，則往往難以達成。這是件很辛苦的事情。

雖然很辛苦，但我們從小時候開始，就常常聽長輩們說：「吃得苦中苦，方為人上人。」想到這一點，也就不敢輕言痛苦，並且能把痛苦轉化為希望；也能使出全部的精神，努力學習和工作。

能有這種心情，面對工作上的各種困難，我們都會鼓勵自己儘量克服。如此，才是一種自我鍛鍊、自我完成。」

松下幸之助語，日本經營大師，摘引自前揭書，頁258

第四則：

勞動的目的，不能祇是為了取得他的生存，或是為了得到一個「好的職業」，而是要做好某一件工作。

即使是從金錢的角度看，它也應當是這樣一種為城市的經濟，它付給勞動者工資如此優厚，使他們並不感到只是在為一個低層次的目標在工作，比如，僅僅是為了生存，而

應當使他們感到他們是在為一種科學，甚至，是道德的目標而工作。

梭羅語，美國思想家，摘引自前揭書，頁264

2.愛戀的試金石：要愛不要恨！

（1）說到愛戀，想必，你、我都會想到愛情、戀情或戀愛……這一類人的內在情愫，或者愛意。而它施予的對象，當然是人，即活生生的人，而不是物，不是那些硬梆梆、死板板沒有生命的東西。

自有人類以來，除了人的理智是人與生俱來的一種天賦資能之外；再來，我們也可以這麼說：情感、意志、想像、決斷、行動、語言與其它的知能等，也同時是上天給予人類最寶貴的恩物。

其中，最攸關一個人個性的成熟與否、最關聯到一個人未來人格的發展之良窳，就是情感的知能或情感能力。

今日的心理學界繼對IQ（智商能力）的強調之後，也開始注意到，並且重視EQ（情緒管理能力）之對一個人行為模式的影響。這就足以顯示：如何疏導情緒或管理情感能力的使用，已然成為現今社會心理學界，乃至行為社會學界……等各階層、領域的所關注的主題。

為什麼情感的抒發、情緒的管理、情愫的傾訴或情愛的傳達……等這些有關一個人內在情意的活動，會這麼成為人們熱烈討論的話題？

如果不從學理嚴肅面的角度來探究，單從今日社會一般的青少年或一些成年人，之對自己情緒（情意）的處理多已出現重大問題的角度來思索，我們就會發現：這個由來已久的問題，誠然不是作為一個專家學者的你、我所能充分想像。因為，在如何對自己情緒的管理，或對個人情感的經營上，不用說一般的普羅大眾，就是連

你、連我這些自認為讀過幾年書的人，還是無法有效的處理自己的心緒、情感或情意的問題。

試舉一個實例來想想：記得在幾年前，某一國立大學校園內曾發生兩名女高材生因為為了男友爭風吃醋的緣故，而導致一方殺人、企圖毀屍的血案。

關鍵的主角人物有三，包括男主角正在攻讀博士學位，他們可都算是高級知識份子，明日的校園之星，社會的棟樑骨幹。奈何，事件的起因，傳聞是：男主角在私人感情的處置上有失妥當；因為他同時與兩位女友有親密的交往。

期間，據傳兩女友各為爭取成為男友戀愛的唯一對象，因而私下有一約定以為談判。豈知可能因為雙方吃醋、積怨已久，在談判之時情緒漸已失控，以致不久便起了嚴重的衝突。

據報導，凶嫌這一方不知是否臨時起意，抑是早有預謀；就在雙方扭打已能分出了勝負，加害者這一方遂將對方殺害。也許，因為害怕東窗事發，便以某種的化學藥劑潑灑死者面容等企圖滅跡……。

這個曾發生在校園中的嚴重案件，迄今不知是否仍勾起社會大眾廣泛的注意？至少，對於那些憂心今日校園是否依然能保持往昔那般寧靜、純樸與研究風氣……的有心人士，它可能是一件記憶猶新、而難以由心中磨滅的陰影。

（2）在清純的校園既然也會發生上述這種駭人聽聞的案件，那在你、我平日所生活，而且經常能耳聞或目睹各種刑案的社會大染缸中，我們怎能期待它會有怎樣的單純、又完美？

說真的，在今日這個人心不古、世風日下的社會裡，排除若干社會嚴重的案件多是出自有人貪瀆、搶劫、勒索、偷盜、吸毒、販毒、走私、嗑藥……等所引起的之外；再來，最大宗的社會案件或

社會問題，可以說，泰半是發生在人們對「情」這個字的失當和失序的處理上。

因為，在「情」字方面，一般青少年間的鬥毆，往往多是起因於為了爭奪異性朋友，而才有械鬥、傷人的情事。而在青年人、成年人或其同輩之間的糾紛，絕大多數也是：或因為有男、女間的爭風吃醋問題，或因為有外遇、婚外情、「包二奶」、午妻、一夜情、援交與嫖妓……等感情走私或濫情所導生的紛爭。

今日，面對這種日益惡化的大環境，尤其是校園自由、自主風氣的盛行，民間社會到處又充斥各種情色、風化場所，難道你無法想像：什麼是「近朱者赤，近墨者黑」的道理？的確，這個時期，也應是為人父母如何動以真情，去調整其教養子女的方式的重要契機。

因為，一旦難得的機會錯失，如想重新來過，即以亡羊補牢的心態去教育下一代，好使他們行得正、又不走偏鋒，便為時可能已太晚了。

（3）什麼是動以真情？什麼是教養？又，什麼是教育？……想想：不知現時代的年輕朋友，是否能體會出這類語詞的內涵？如果勉強說有，也不知是否會將它們會錯意？像把同儕或男、女之間的情誼，當成父母對他們真情、愛意的流露來理解？或把個人頑性的興趣的培養，視為所謂教養、教育的主要內容？……

我們認為，如果現代人沒有充分的自我認識，沒有情感方面的真確認知，也欠缺對輩份、差等的徹底瞭解……；那麼，可想而知，就算他（她）接受了一定程度的教育，也懂得處理所謂自己的情感問題……等，那也是一種拙劣的處置手法、一種自欺和一種妄念。

因為他（她）根本不瞭解什麼是「愛」？或什麼是「愛戀」？

也不明白什麼是「情感」？……

　　談到愛，尤其愛戀這類問題，我們認為，人除了要對什麼是愛？愛的等級（分類），以及愛與它的反面——恨——原有怎樣的關係……等有所瞭解之外；他還要能明白：在愛（愛戀）中，施與受這兩種行為，究應作怎樣適切的分配？才屬恰當。

　　在這裡，我們想來談談什麼是愛（戀）？以及它與（怨）恨究竟有怎樣的關係？

　　承先前所言，愛（戀）是人內在的情愫或愛意。它的對象，則是人，一個活生生的人。

　　既然愛（戀）作為一個人內在的一種存在事物；在這裡，你、我就可以來思考一件事，就是：愛（戀）可以長久存在於你、我每個人的心中嗎？答案若是肯定的，則有人定會反駁說：你看！某男生當初在追他的女友時，經常把愛掛在嘴邊，說：「我愛妳，我真的很愛妳；若沒有妳，我的人生就像失去了什麼似的。……我愛妳是真的，就算天塌了，地陷了，我依舊不會變卦的愛妳。我的愛會愛到地老天荒；就算海枯石爛，我的愛意，也永不改變。」

　　豈知當他把女友追到手之後，不知是否得來全不費工夫的緣故，不久他整個人好似就變了，而且以前那股為愛似被沖昏頭的傻勁，也好像沒有了。換來的，就是對她一陣陣的冷漠與無情的對待。你說：這種愛、這般看似轟轟烈烈的戀愛，難道不應是長存不變質的愛嗎？……

　　再來，如果愛（戀）——這種內在於每個人的情愫——無法久駐在你、我的心中，為什麼自古以來，無論東、西方人種中的男男女女，都能無視於愛（戀）的不久駐而依然那麼熱衷因彼此的交往所產生的戀情？

　　現今，我們在男、女異性交往過程所產生的異性戀之外，也看

到男與男、女與女那種同性交往所產生的同性戀情。另外，從側面得知，所謂雙性戀的情況，也聽說不少。

　　為什麼世人，包括你、我每個人在內，多戀執於情愛、愛戀……這類情意活動，而難以自拔？想必，這是「人性」或被「命定」的緣故吧！

　　佛教的教義有言：要去貪、瞋、癡。其中的癡，即癡心、癡情……等，正是它們希望世人能加以破除而還其本真的重要一戒。猶太暨基督（宗）教的〈創世紀〉記載人類始祖亞當、夏娃的犯罪故事，便提到：作為女人，也是妻子的夏娃，卻「必戀慕」他的男人、丈夫，即亞當。不過，她的回報，又是什麼呢？好像不是他也必戀慕「妳」；而是：他「必管轄」妳。（三：16）

　　這樣看來，人類的戀情、愛意、情愛或愛戀，從「創世」神話的角度來說，便一直隱含一股股的哀愁、癡心、對立，以及幾近暴力性的管轄、怨懟和憎恨……。

　　迄今，你看過堅貞的愛情事跡嗎？有的！在古代歷史中，在現今大陸某一省、某一縣的某一村，即有某一條街，在那兒就矗立有「貞節牌坊」的區柱。它即在告示世人：這裡曾發生一則極為感人肺腑、志節可比日月那樣清高的人間至美愛情的故事。

　　再來，在英國大文豪莎士比亞筆下的《羅密歐與茱莉葉》名劇中，我們還不是能看到人間至為淒美的堅貞愛情故事（不過，它是文人筆下的杜造之作）！

　　其實，就你、我有限的認識之角度來說，我們誠然沒有資格可以胡謅：人間已經沒有堅貞、至美的愛情。但是，至少我們應可這樣表示：任何一個人，都應該努力堅持他所擁有的純美的情誼、真情。尤其，在與別人的交往上，更應保持那在兩方情感交流中所產生的情愫。

祇是，在此提醒大家應努力堅持自己所擁有的純美情誼（不論是情愛、戀情或愛戀……），當是希望大家要能記取我們人間的愛戀、世俗的情愛或有限的愛情，可含有它獨特的對立性質，就是恨。

這是指說：因為人是有限的，他對情愛上的認知也有限；因而，當他展開對別人愛戀的追求，或向別人施展他的愛意（或愛情）時，往往因為祇會顧慮自己情意的發抒，而未能完全察覺和瞭解到別人的感受，而才會產生自己難以預料和控制的情況。此中，自然包括以言詞或行動傷害了別人，甚至激起對方的不快、怨懟，乃至恨意。

當然，一旦事情發展到這種極端的情形，結果自是可想而知：一者，要不是激怒了對方，跟你反目相向；便是（二者），即刻挑引起你個人的不快，乃至對別人的怨懟。

因為在你心裡可能這樣嘀咕著：情況怎會變得這樣子？他（她）怎麼可以這樣對待（對付）我？他怎麼這樣不善解人意？不解風情……？之後，隨著疑惑日劇、猜忌加深；終至雙方怒目以對，怨怨相報。這就是由愛轉恨的過程與結果。為此，如何止恨續愛，便成為一門頗艱深的人生課題。

至於恨呢？它當然會產生恨，也會煉製出更強大、更激烈的恨。常言所謂的：「君子報仇，三年不晚。」「咬牙切齒，恨之入骨。」「恨意未消。」……等，能描述恨在一個人心中所產生的勁爆力。

為此，難怪有學者這樣評述愛與恨的纏綿悱惻：

愛情與怨恨往往是同時存在、形影不離的。有時，愛得真摯，便恨得真切。情人恨所愛的人不改惡習；慈母恨孩子不成才，其恨包含著深情的愛。……

心理學家說：生活中，這兩種情感之間存在著千絲萬縷的聯繫。愛和恨、喜和怨，都是密切相關的；人活著，這兩種感情始終不會消失。

但是，一個寬宏大量的人，他們的愛心往往多於怨恨；他們樂觀、愉快、豁達、謙讓，而不悲傷、消沈、焦躁、惱怒……。

又稱：

正如愛會產生愛一樣，恨也會產生恨。儘管使我們產生怨恨感覺的原因，是各種各樣的；但是，它卻不值得我們全神貫注地去消耗我們的活力、精力和腦力。

許多美好圖景就在我們周圍展現，而正在流血的血肉模糊的創傷，會轉移我們的注意力而看不到那個美景。旭日東升，我們卻感受不到它的溫暖；百鳥鳴囀，我們卻充耳不聞；百花爭艷，我們卻嗅不到花香、看不到它的美麗。

生活中充滿了美好的東西，我們為什麼不去欣賞它呢？幹嘛要把怨恨永繫胸懷呢？祇要我們把怨恨徹底埋葬，我們就會看到生活的美好，在生活的列車到達終點之前，為美好的生活錦上添花。

納素夫語，科威特思想家，摘引自前揭書，頁623

總之，一如上引學者的高見：我們要學習多有愛心，少有怨恨的秘訣，可不是別的，而是努力使自己成為「一個寬宏大量的人」；也就是一個有愛心（一如我們先前所提述的）、樂觀、愉快、豁達與謙讓的人。

這樣，在我們的內心，就多能將隸屬恨意王國的哀愁、消沈、

悲傷、焦躁與惱怒……等，從你、我內在黑暗的角落驅逐出去。

　　當然，一個懷有虔誠宗教信仰的人，他則更會這樣篤定著：並不單靠自己，而是祇有依靠他（她）的神，靈魂的救主，他才可能輕易學得這門功課，做完他該繳交的作業——「主題是：要愛，不要恨！」

　　3.對大自然的禮讚：用心去謳歌！

　　我們都是自然界的寵兒，不是自然界的棄嬰；我們是大千世界的鑑賞者，不是大千世界的破壞者。當然，我們都可成為大自然的禮讚者、謳歌手，不應該成為大自然的送終者、劊子手。

　　（1）還記得如何使自己從生活的學習中，讓自己更有攸關生命事務的真實知識；以及關聯於人際交往的真愛——可以說，即多擁有一點愛，而少一點恨……？

　　對了，其中的一項秘訣便是：多用心去欣賞生活中美好的事物、美好的東西和美好的景物……等。如果人們多能夠這樣，自然而然，應不致把自己的活力、精力與腦力全神貫注暨消耗在怨恨這類的感覺、意念和心緒上。

　　為什麼美好的事物，除卻人世間的真情、摯愛、美善價值……等姣好的事物，值得你、我用心去欣賞，且傾意去寶愛；有人（如前述的納素夫）還會把大自然界中經常發生，或出現的「旭日東升」、「百鳥鳴囀」、「百花爭艷」……等自然現象，當成值得你、我用心去關注，全意去品賞的美好圖景？

　　這有其它的理由嗎？還是因為：它們遠離了人間烏煙瘴氣的矛盾與衝突，而孤傲、冷豔地在耀示它們對你和對我全人類的抗議？……

　　就我們用心的觀察，實情應該不是那樣的，而是：大自然界中的一草、一木、一鳥鳴、一花開、一岩石、一動物、一襲風、一陣

雨、一山林、一溪谷，甚至一閃電、一地震……等，原本都有它可愛的一面、美妙的一面和神奇的一面，而確實值得你、我佇足欣賞，逡巡，聆賞和品味。

說它可愛，是因為它們在我們的筆觸下，多半可以被摩繪出維妙維肖的圖像；可以在你、我的心坎中，形構出一幅幅或令人心靈震撼，或叫人嘆為觀止的美好景象。

你看，可不是嗎？不然，人世間為什麼有多類藝術家的出現和創作？為什麼有以其一生不斷在歌頌自然、生命、奇景，以及珍物的文學家、散文作家、哲學家和其他專家學者的輩出？他們的想像、思維、論述和創作主題，難道不是以這些為他們品鑑的對象、是他們心神追逐中的最愛？

說它曼妙，是因為大自然界中的任何一件事物、一種東西，可說是富涵千古傳奇、瀰漫不可思議的玄秘；所謂的「一粒沙、一世界」的妙喻，差可將之傳神於萬一。

你說，可不是？不然，凡間人類為什麼有那樣多騷人墨客、才子佳人，或功成名就者，寧願因此拋擲利祿功名，而甘於委身在探幽冥想的神秘世界？他們一生所捏下的賭注，難道沒有比這些還值得去犧牲與付出的？

而說它神奇，是因為大自然界中任何事物的存在，誠然出乎你、我個人有限的認知與意料。就算我們窮究一生的時間與精力，專心傾注於某一個物的研析、思考與鑽究；想必，我們的研討所得，仍祇不過僅是滄海中的一粟，是知識瀚海中的一小小水波，真可稱得上是極其的微不足道。

迄今，就我們所知，哲學家與科學家已然有了一個共同思考的主題：這個大千世界，為什麼是「有」，而不是「無」？或為什麼有正物質，而不是有反物質？好一個玄奇的問題啊！的確，也是如

此。

　　有人甚至想給存在與看似不存在的每件事物取名，但是，你可要知道：這怎麼有可能呢？有人還想要探究這大千世界、浩瀚宇宙是否有它的邊緣涯止？你想想：這有可能嗎？

　　宇宙存在的歲數，就目前人類的揣知，已約有數十億或上百億年那樣久遠。而，區區佬小的人類，纖弱如絲的你、我，一般祇能活上七、八十歲，頂多，也祇活到一百多歲。你想：這樣一個短少年歲的生命個體，難道會有足夠的知識智能，去究明宇宙的真相、萬有的奧秘？平心而論，就實情來講，這可是多麼的不可能啊！也可算是多麼可議的天方夜譚！……

　　總括以上所提，大自然的存在，是那種可愛的存在、美妙的存在，以及神奇的存在。而有幸恭逢此景，活在此時的你、我，難道不能多放眼於一望無際的碧海藍天？多放心情馳騁於綠草如茵的郊野草原？或多用一個人的生命情調，去撩撥大自然界低吟的宏偉樂章？

　　聯想到此，真叫人不敢不下這道能裁定你、我存在任務的無上指令：祇要你一口氣在身、我一意念在心，我們人類都要敬謹聆聽大自然生命的教誨，恭行大自然運轉的軌跡，以及以心去謳歌大自然的美妙！

　　（2）人類的生命，是聯結於大自然界中的一切有形與無形的事物。如果你、我用心保有了自己的生命，自然可以說，就維護了你、我與大自然界中美妙的聯結和互動。反之，如果我們戕害了自己的生命，因而可以視為：立即（雖然是眼難以見到）破壞人與大自然界美妙的關聯。

　　試舉一例來作說明。有個人在一塊田地上耕種，當他每日早出晚歸出現在耕地上，他總用心照料他的耕作：或除草，或翻土，或

整地，或播種，或澆灌，或施肥，或照拂……等，日復一日，甚至月復一月，他自然會有收成；就是在等待成果之前，他每能懷有希望和即將來到的喜悅。

可是，一旦他荒廢了耕種，不經常到他的田地走動，甚至經年不去耕作；你想，會有什麼結果產生？就是：田園荒蕪、雜草漫漫，蚊蟲雜生，什麼菜蔬都沒有；這可是對他廢耕的一種警示與回報。

這個例子，不僅告訴了我們：在與大自然的互動中，人與物的關係，看來是一種互相倚存的關係。而且，似乎也在提醒著大家：我們僅是在扮演一個經營者或管理者的角色，而不是一個可隨便任意宰制和破壞自然界的主人翁。

當然，如果有人不服這樣的看法，堅持要把人類提昇成他可一味予取予求、頤使氣指地控管這個自然界（尤其你、我所寓居這區區的一個小小地球）的太上皇；那樣的結果，我們想，這可就不必說了。因為，一切存在秩序的紊亂、大自然生態環境的破壞、國與國爭權奪利的損害，以及人、我生活世界的質變……等，自必是它必然的結局與終極的下場。

既然自然界或大自然本身有它的應力作用和反撲能力，擺在人類面前的，目前看來祇剩下兩條可作他命運抉擇的道路：要不是繼續竭澤而漁般的貪婪，過度去利用自然有限的資源，並破壞它既存那還能維生的生態系統；就是改弦更張地調整自身物化的腳步，多效法自然界本身隱含的沈穩、積蓄能量和潛勢的美德：具潛伏力、豐腴力、施予力、修復力，以及美化萬有（包括：人心）的能力。

特別是，在今日重視生命教育此一學程上，不祇你、我都要認識我們生存情境的險峻，而且彼此要多加鼓勵，走出戶外，去接觸大自然界的神奇與美妙；也多用心境去體會那些「非我」之物的生

命世界。想必，它的效益定是驚人的。

　　因為，從小小生物的營生活動上，我們必能學習到：為了求取生存，牠們多能靈活運用與生俱來的求生智慧，而完滿詮釋了有限生命的韌性與堅持。從看似沒有生命跡象的有形與無形事物上，我們也能習知到：它們都能按照自身存在的法則與運行規律，有秩序、有計畫地提供人類為營生所必需的物質或材料。

　　為此，如何讓周遭美好的、有益人類營生的事物永續存在；進而，因它而能提供給人類謳歌生命、讚頌大自然的素材，這就應成為今日的生態教育暨生命教育的重點思維。特別是後者，我們認為，它應多加正視大自然界所提供給人類的訊息、密語，這才是有力推展生命教育的活水源頭。

認知評量表：問題VS.回應・之二

1. 人的生命，是否可以從未來的、希望的角度來詮解？何故？

2. 人生各種教育的訓練，跟知識的獲得一定是成正比的嗎？請談談你（妳）個人的見解。

3. 請談談近代末期法國實證主義社會學家孔德，對人類的知識與社會形成的看法。

4. 你對美索不達米亞，即兩河流域的文化暨文明，瞭解有多少？又，你可知道：最初發現這個古文化暨文明遺址的法國考古學家博塔（P. E. Botta, 1802-1870），主要是受到猶太暨基督教的《聖經》與古希臘文獻的記載的引導，才挖掘出這個震驚全球的古代文化世界？

5. 科學（拉丁原文是：Scientia 知；Science）在人類的知識系統中，是居於什麼樣的地位？請談談你個人的見解。

6. 你認為：人類的生命意義、生活目標和存在價值……等，可否從現有的科學研究與發現推衍出？何故？

7. 人類若擁有高水準的物質生活暨條件，是否有助於提昇他精神生活的內涵暨素質？

8. 自古以來，中外有許多思想家，包括：孔子、孟子、莊子、蘇格拉底、柏拉圖、奧古斯丁、祁克果與馬塞爾……等人，多相信人是由兩個部分所構成（即：若不是身與心、氣與神，便是靈魂與肉體……）；不過，對你來說，你能否接納這種的論點？何故？

9. 你對當代西歐人文社會暨詮釋學思想界的大師—— 伽達美瞭解有多少？如果有稍微的認知，那麼，可否談談他對主體真理所抱持的見解？

10. 能否簡要說明祁克果版的主體真理觀之要點？

11. 在你看來，「永福」是否會是一個遙不可及的海市蜃樓？不然，
    人究應如何努力，始有可能接近它，並且擁有它？

12. 你經常抱怨在日常生活中所碰到的一些芝麻小事嗎？又，在發發
    牢騷之後，你的內心會因此平靜許多嗎？請想想之後，才作回
    答。

13. 你對動物世界的群居習性瞭解有多少？可以舉實例作答。

14. 你對蜜蜂的生活習性有所瞭解嗎？牠們的釀蜜精神你欽佩嗎？何
    故？

15. 你對螞蟻這偌小的生命個體認識有多少？可否談談你個人的一點
    生活感受？

16. 勤勞是一種美德、慵懶是一種頹廢思想，你同意嗎？從現在開
    始，你會否考慮以勤勞開創你個人的存在空間？

17. 動物世界的弱肉強食，儼似是牠們的存在規律；人類社會迄今的
    進步，是否是奉行這種存在規律的一個結果？

18. 人類社會的內部結構，是由哪些重要元素所構築成的？請談談你
    個人的見地。

19. 在人類史上，曾發生幾次影響全球的大規模的戰役；在你看來，
    那些大型的戰爭，是否事先可以避免？為什麼？

20. 知識與智慧是各自分屬不同的領域暨層次；在你的認知裡，有關
    人類生命的課題，是應該劃歸於知識的，抑是智慧的層次？何
    故？

21. 在你個人的感受裡，人——這個有理智的社會人——是一位強者
    呢？抑是在有些時候卻是一位弱者？

22. 當你碰到人生中最大的困難、最難過的困境，或最難以處理的事
    務時，你那時會有什麼立即的反應暨處置？

23. 當你覺得自己最失意、最落魄與最感到痛苦的時候，你對周遭有

可能或不可能前來關心你的人，會有何對應的態度？請在冷靜思考後才作答。

24. 能否談談：信仰對一個遽然遭逢極度打擊的人，所可能提供精神上的或心靈上的慰藉？不然，也請談談其它可能的方法或途徑？

25. 社會的騷亂，經常是來自那些不務正業和作奸犯科之人所挑引起的結果；在你看來，你、我應如何努力，才能改善我們現今社會的亂象？

26. 你相信「天助自助」這種明智做人的道理嗎？何故？

27. 圓融的人生觀的基本要素是什麼？願聽聽你個人的意見。

28. 常言有道：「知人，知面，不知心。」這句諺語，究竟在告示我們有關與人交接的什麼樣的道理？

29. 人是如何傳達他的情意、情愫的？可舉一些實例輔助說明。

30. 「愛」是什麼？它是一種無形的力量？抑是有形的情意之表現？

31. 從九二一大地震以來，想必，你對人生的觀感多少會有一些改變。請問：你又改變了什麼？

32. 請談談：「愛」對一個人之形塑他的個性的影響。

33. 你相信基督（宗）教所談的「神是愛」這層攸關你、我的人生真理嗎？為什麼？

34. 一個人有自大、張狂、自私、暴怒……的性情，這是一種「無愛」的表示嗎？請說出你個人的意見。

35. 你可否想像：快意恩仇的人生，是一種怎樣的人生？請說出你個人的想法。

36. 一般而言，一個社會的混亂，自是由於有多種原因所造成。不過，就你所知，其中最大的可能原因會是什麼？

37. 在你看來，一個自由、民主的社會，一定會帶給人們安和樂利的生活情境嗎？為什麼？願聞其中必然的關聯性。

38. 你是否相信古人所說的：「有德者，斯有言。」「有德者，斯有位。」這種為人處事的基本道理？何故？

39. 孟子對一個人與一個人的人性的看法分別是什麼？你知道嗎？可表達你個人的意見，並試作評論。

40. 亞里斯多德的美德觀為何？請析論、說明。

41. 在你看來，道德教育在今日社會應如何的推動，或者應作哪方面的訴求，才能發揮它基本的功能？

42. 請談談沙特對「人」的看法，並且嘗試評論之。

43. 在今日，所謂的「殺人償命」，被公認是一種社會正義。不過，在你的認知裡，人有否權利為了保護自己而去殺人？為什麼？

44. 基督宗教的經典曾經預言：現今，即所謂的「末世」，是一充滿許多危險日子的世代；因為，那時的人「要專顧自己，貪愛錢財，自誇……不能自約，性情兇暴……」。在你的觀察和判斷裡，今日的世界或現今這個俗世的社會現象，是否符合或是應驗了基督教義的預言？

45. 就你個人的看法，一個人自小就被培養出要能和別人競爭，並且能夠在競爭中出人頭地……；這種教育訓練法，是否恰當？為什麼？

46. 當一個成長中的小孩，他的學業與志趣若不符他父母親的期待時，你想：在這之中，可有轉圜的餘地？不然，又應作如何的排解而使之得以順利的落幕？·

47. 在你的看法裡，一個人如對自己的生活方式有他個人的堅持時，你想：這種做法一定是對嗎？為什麼？

48. 敞開你、我的心胸，走向大自然，並去懷抱大自然，是認識自我的一種方式嗎？為什麼？

49. 「從工作行動中學習，在學習中增長生活智慧。」應是一般人教

育自我的最佳捷徑之一。就此，請問：你目前在自己的工作崗位上，可學習到了什麼？又，你對人生百態，也悟知到哪方面的生活智慧？

50. 現在，可否談談你對上班或工作的看法？

51. 當你正在工作時，你認為：工作與樂趣可否同時兼顧？為什麼？

52. 在你看來，在現今這個工商業競爭十分激烈的社會裡，要保持自己樂觀、進取的精神，是否有它的困難？為什麼？

53. 一份理想的工作，是否能以當成終身可全力以赴的志業或事業？為什麼？

54. 請談談英國作家拉斯金的工作幸福觀。

55. 請談談日本的經營大師松下幸之助的工作哲學。

56. 請談談美國思想家梭羅的工作理想觀。

57. 在你看來，一個人的情感能力與情意表現，是否攸關他個人人格的成熟與發展？為什麼？

58. 你對自己的EQ（情緒管理能力）瞭解有多少？可從生活中的一個小事例來談起。

59. 當你和異性朋友正在熱烈交往時，你曾否想到一個最壞的結果，也就是雙方有必須分手的時候？假如情況非壞到這個地步不可，你會作怎樣「理智的」處置？

60. 當你的感情陷入低潮時，譬如：你已失戀了；那時，你會怎樣對待自己？是冷靜的思考呢？還是躁進地自怨自艾？抑是會產生很不健康、很不理智的仇他（她）心理……？

61. 「情」字，有如「色」字頭上一把刀，經常尾隨有刀光劍影的不意之後果。當你個人在處理自己的感情時，你會否努力遏止任何悲劇的可能發生？為什麼？

62. 今日校園的自主風氣日熾，在你看來，它會否立即衝擊到傳統制

式化的教育精神暨理念？你想：這兩種不同的思維模式或行事風格，有否妥協的可能？何故？

63. 「酷」（cool）這個被E世代所標榜的行事典範之一，在你的認知裡，是否應為現代人擇取朋友的重要條件之一？為什麼？

64. 你能否說出：現今E世代的青少年，對愛情到底是抱持怎樣的一種想法或看法？

65. 你對愛的反面，即恨，到底瞭解有多少？請從你與別人的交往中，試著描繪當時的不快或怨懟的感覺。

66. 就你所知，我們常人的愛情，是否為一種純純的愛？不然，在愛中是否經常隱藏著一股看不見，又說不出的哀愁、怕懼與不安……？願聽聽你個人的感受。

67. 有人說：「君子之交，淡若水。」你想：這個交友原則，可適用在今日這個錯綜複雜的人脈社會嗎？為什麼？

68. 請詮解孔子所言：「食、色，性也。」這段文辭所富含的食、色思想。

69. 佛教教義曾提到破貪、破瞋、破癡的重要與必要。在你看來，一個人如果一直戀執於貪、瞋、癡的事物；那麼，他的結果會是什麼呢？

70. 從猶太和基督教的創世神話裡，我們可以看到人類的始祖──亞當與夏娃這兩人的愛情故事。而就你的觀點來談，原初時期的人類的情愛活動，到底帶有哪些特色？請嘗試作一詮釋。

71. 古代中國曾有烈女的「貞節牌坊」之事蹟，而在今日的社會，要找出那種懷具貞女情懷的可能，可謂不是沒有。就此，請問：你認為貞女情懷是一種必須持守的美德嗎？不然，你又有何看法？

78. 在現今的社會，我們經常可看到劇作《羅密歐與茱莉葉》的社會寫實版；也就是男、女兩當事人，或者其中之一，每有所謂的

「殉情」之演出。在你看來，一對深陷愛情漣漪中的戀人，他們逕視情愛或戀情的價值，要比情愛的主體——即擁有生命的戀中人——還高超，這種想法是對的嗎？

79. 人與人的溝通和交往，經常要用到言語或話語；而你也知道：人的話語，在有意、無意間，可能會傷害到對方。因為，它不中聽。這時，你認為：對一個已受言語傷害的人，可否力圖予以補救？何故？

80. 你知道否：愛可轉變成恨？為什麼？請試舉一事例輔助說明。

81. 請談談科威特思想家納素夫的愛情哲學觀。

82. 可否談談今日科學探戡大自然界的一些成果？

83. 古代中國文人所倡導的天人合一、物我合一或道我合一的哲理思想，對今日多人奔走，並關注生態危機的問題，可否提供一些正面、積極的建言？請談談你個人的見解。

84. 你曾否佇足用心仔細端詳一株可愛的小花草、一片小嫩葉，或一粒玲瓏有致的小圓石？為什麼？

85. 台灣是一個多颱的地區；每當颱風逼近你的住家時，你能否以一種異於常人的心思，冷靜去思索它的「可愛面」，而不是「破壞面」？

86. 謳歌大自然界的神奇、稱頌自然生命的美妙，是有理性、有精神活動的人類的權利。你捫心自問一下：你可曾主動丟失這原本專屬於你的權利？為什麼？

87. 你可曾想過這樣一系列玄奇的問題，即：你為什麼生在這裡？為什麼活著？為什麼正在想這一件事情？為什麼在哭？為什麼在笑？為什麼在等候？為什麼會相信？……等；請說明箇中的原因或理由。

88. 你對歲月的快速流逝，有何真實的感受？是憂懼？是無奈？還是

任其自然？

89.你可相信，如果從永恆的角度來看，你的出現在這個世界上，並不是一件偶然？也許，有它獨特蘊義也說不定？願聽聽你個人的意見。

90.你曾經親自種過菜或養過盆景嗎？可否談談你蒔花弄草時的心情？

91.從逆向思考的角度來看，指稱大自然界本身是：充滿著知識性、邏輯（條理）性、目的性、玄理性和奧秘性……等；你同意嗎？為什麼？

生活・生命的拾穗

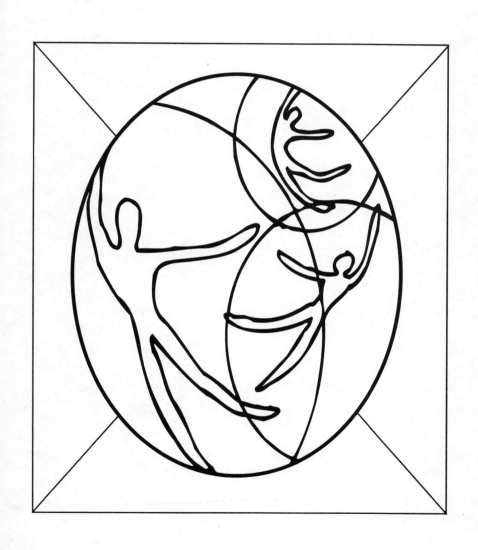

以下，想從一個冷靜的頭腦、一顆炙熱的心，來談談在人類生活和生命歷程中所不能不面對的四大問題：生、老、病、死。

為了能從中汲取必要的認知與生活智慧，我們擬提述的方式是：先以知名學界和思想界人士的個人觀感作楔子；而後，再作進一層的發揮與聯想。

「生」的省思

生是一個驚奇，也是一個玄謎奧。自古以來，多少詩人、作家和思想家……等，都為之傾心吐意；甚至為它著迷而狂熱。

下文，我們將談談三毛與柏格森（H. Bergson, 1859-1941）這兩人對「生」究竟抱持怎樣的想法。

一、三毛論「生」

（一）一個謎

記得在筆者求學時代，遠嫁到中東阿拉伯國家的作家三毛，她那時候的寫作知名度，似乎已轉到了另一個高峰。當然，從沙漠回來的三毛，似乎歷練了許多；她細膩的文風與荒漠的浪情，不知羨煞過多少在聯考壓力下的青年學子。

奈何好景不常，年輕時喪失夫婿荷西，中年時的三毛，似乎又因為疾病纏身及其它個人的因素，而在醫院病房厭世自殺。她遽然留下的是：曾經喜愛她、關心她的讀者朋友們諸多的不勝唏噓和不捨的迷惘。

為什麼？為什麼要這樣？她為什麼會以如此過激的手段來結束自己個人的一生？並扼殺她如日中天的寫作生命？……這一切的一

切，謎題顯然已無法可解。

因為你、我都不是當事人，我們祇能旁觀，祇能從一些些蛛絲馬跡，去拼湊一幅幅模糊不清的意識圖像。

(二) 生是一個過程

三毛在擁抱、熱愛她生命的時期，曾寫下這一段沁人肺腑的心聲：

> 有了人的地方，就有了說不出的生氣和趣味。

> 生命，在這樣荒僻落後的貧苦的地方，一樣欣欣向榮地滋長著；它，並不是掙扎著在生存；對於沙漠的居民而言，他們在此地的生、老、病、死，都好似是如此自然的事。我看著那些上升的煙火，覺得他們安詳得近乎優雅起來。

> 自由自在的生活，在我的解釋裡，就是精神的文明。

> 　　　《撒哈拉的故事·白手成家》，摘引自《人生哲學寶庫》，頁62

又表示：

> 其實，任何一份生命，都有它生長的創痛與成長的過程。這些過程彷彿是種子，在日後的生活中都會彰顯出來；於是，我們的生命，便在這許多的歷練中愈見成熟。

> 生命的成熟過程，其實避免不了掙扎和傷感；而生命之美，卻也是人間世人加以賦形和圓全的；這十分主觀，見仁見智，各有所得。可是，如果祇是一味的抱怨，這份在我看來極有價值的存活，便顯不出來了。

> 　　　《談心·回不出的書信》，同上

好一個遠傳自沙漠綠洲的生之讚頌！不是嗎？隨手從三毛筆下兩書冊中摘下的幾段文字，可嗅出一個曾以摯愛、熱忱，追求純樸與完美而遊歷天下的女子，當她落腳於漠地好一段時日之後，她對生命的美，則幡然興起了一股看似粗獷、又不失其柔細況味的感觸。

　她感受到：有人把人類的生命歷程，從生、老、病，到死視為是那樣的自然，那樣的安詳以對。

　她也認識到：掙扎與傷感，是一個生命成熟過程所不可避免的一種「原罪」。祇是，如何接納歷練而善度此生；進而，以美化去詮釋生命本身，便落在每一主體個人的自我認知和自我行動的踐履上。

　接著，她又表示：這個詮釋，因為「十分主觀，（故）見仁見智，各有所得。」

　是的，每個人都要過他（她）自己的一生，也都要面對和詮解他自身所遭逢的任何困厄和窘迫。祇是問題在於：他是否敢於鼓勇面對這個存在的事實？是否能夠通過加給他一切的苦難，而從迭次的掙扎、傷感中歷練出一身寬廣的人生視野，以及自由自在地沐浴於完美人生價值的探索中？……

　在此，姑且不談三毛本人在她生命的後期，是作了一個怎樣「不妥」或「壞」的示範；可是，平心而論，在她精神靈明、識見敏銳的時刻所遺留下來的生之諍言，確然有助於你、我昂然迎向生的道途，並從生命自由創發的過程，進一層領悟到人類精神文明的實質與其可能開展的向度。

二、柏格森談「生」

(一) 生是一種創造進化

作爲當代法國的先銳思想者，也是力倡進化觀點與哲學理論結合的生命哲學家——柏格森，曾在他一本極具代表性的作品中，談到他對意識與生命的看法。

尤其，關於生命，即包括你、我，以及動、植物的生命，他都有一套頗教人深省的話語。他說：

> 所有的生命，無論是動物生命，還是植物生命，實際上看起來就像是這麼一種努力：積蓄能量，然後使其輸入可變通的，即形式上可變的系統；最後，它就會去完成數不盡的各種各樣的工作。

又表示：

> 如果我們的分析是正確的話；那麼，生命的起源就是意識，或者更確切地說，就是超意識。

> 所謂意識或超意識，就是這麼一種火箭的名稱：它那已熄滅的殘片，轉而又會變成物質；意識還是那種（由殘片而來，並使它們燃燒而進入機體中；從而，可）維持該火箭本身的東西名稱。

> 不過，這種意識，亦即創造之需要，祇有當存在著創造的可能性時才會顯示出來。當生命被視爲不適於有自主性之時，它處於睡眠狀態；而一旦選擇的可能性得以復興時，它就會立即醒來。

《創造的進化》，頁85

不愧是一個思慮嚴謹、識見超卓的生命哲學家，之對「生命」的創造性、可能性與進展性……等有他個人獨特的洞察。

上述柏格森有關「生命」的一大段言論，不知你（妳）能瞭解多少？或接受多少？

唯據筆者的覺察，儘管柏格森有意要從意識這個角度，去解釋生命的創造性與進展性；但是，我們可不應忘卻：神，即作爲生命衝力的這位宇宙主宰，祂在萬有的進化過程中，可扮演著一個推手的角色。

這就是指：神是衝力本身，祂推動萬物的存在與萬有的進化。如果沒有了神，沒有了生命衝力，則一切的生成、變化與發展，就完全不可能。

（二） 生命衝力的聯想

說到生命衝力，總是教人聯想到古希臘的大哲亞里斯多德。爲什麼？因爲，一者，他曾經談到萬事、萬物的存在，都各自隱藏有它本身的內在目的（性），即各個都朝向一最高的目標在運動，在變化，在前進著。

二者，他又提到萬物的存在（包括：人的生命之出現於世），不能沒有原因，而推究到最後的、最終的原因，他則稱之爲：「第一因」；也就是：「第一不動原動者」。

這裡的「第一不動原動者」，可以說是從事物的運動角度來設定的一種最高原因，也是最根本的原因。不過，如果從哲學思考的觀點來談，它就是「最高的存有」。

至於如果能以宗教（神學）的立場來說，不用講，它便是「終極實在」，也便是宇宙的創造主神了。

古希臘的這位思想家──亞里斯多德，他不僅有寬廣的閱歷，有淵博的學識，更有精湛的生命活力。早年曾追隨他的老師柏拉

圖；爾後即自立門戶，建立一個頗早的學術研究機構：「漫步學社」。

相較於亞里斯多德的運動哲學，當代法國的這位思想大師柏格森的生命哲學，兩人看來真是有它頗多神似的地方。不然，至少提到「神」這樣的一個名詞，一者雖賦予「第一因」、「最高存有」，或「第一不動原動者」……等的稱謂；而另一者，則稱祂為：「生命衝力」。

儘管名詞各異，但是，它們的內涵與功能，大概可以說是並無軒輊；簡直就是：殊言同歸！

我們為什麼要作這樣的聯想？而它的目的又為何？簡單的說，它的目的，或我們想告示大家的，莫過於：從柏格森和亞里斯多德的立場來看，你、我可都不要輕視生命本身的價值，以及賤視生命所隱含的內在目的。

生命本身有什麼價值呢？生命之有價值，是因為它原本就聯屬於它存在的最高目的、第一因或神的存在，因而擁有生命在身的任何一個人，就不能輕易阻斷（如：以自殺、自裁……等方式）他的內在之與那最高目的或第一因的關聯性。

而不可賤視生命所隱含的內在目的，是指：一個擁有生命的人，即你或我等任何一個人，必須在他個人的生命還存留於世的有限時程中，不斷要以內在的追尋，即追尋內心所企盼的完美存在的實現可能性（按：可稱它為回返他存在的本源；或擁有他存在的極致，即永福）作他一生一世的探索及嚮往的終極目標。

談到這裡，也聯想到睿智哲人之對你、對我的一再提醒；你說：人豈可不嚴肅、不認真去正視自己寶貴的生命和關切自己存在的終極目的？

「老」的觀察

老是一個自然，也是一個無奈。多少年輕人裝扮老人，嚮往思慮的老成；但是，老年人何其期待，以返老還童。

以下，我們想回首桑塔雅納（G. Santayana, 1863-1952）與莎士比亞（W. Shakespeare, 1564-1616）這兩位名人之對「老」的看法。

一、桑塔雅納說「老」

(一) 愛美是天性

身為當代歐美哲學大師之一的桑塔雅納（父為西班牙人，母為美國人），早年曾移居美國，並且就讀於哈佛大學。在他的思想裡，倫理學、美學、宗教、哲學與社會政治學……等，可以說都是他的最愛。

說到美學，他則肯定：有關人的快樂、人的品味，以及美與善……這類高尚的價值，都是美學研究的中心課題。當然，它們也可算是人的本性所亟欲追求的重要目標。

(二) 完美的老人主義

至於論到人生的另一階段——老或老年，他有一段與年輕對比的美妙言論。他說：

我年輕時，絕沒有像年老時這樣充分地享受青春。……我比年輕時更愉快地陶醉於生命的幸福中，而年輕時摻雜著隱秘的慾望和對現實生活的一點點苦惱。

除了精神以外，對年輕人來說，沒有任何東西天生是年輕

人的。無疑是年輕人的。跟好冒險的年齡相比，在老年人的寧靜生活中，精神大概比較容易進入人的存在，在那裡比較平靜地住下。

《我的世界之主》，摘引自前揭書，頁139

看來，我們這位桑塔雅納耆老，是一位高唱老人主義、老人萬歲的偉大哲人了。可見他是何等的安於以身為一個老（年）人為樂，以做為一個老人的現狀。因為，老（年）人好處多多。例如：

· 能充分享受到青春。

· 能更愉快地陶醉在生活的幸福（感）之中。

· 能免除隱秘的慾望與對現實生活的苦惱。

· 能擁有年輕人所沒有的一切。

· 能寧靜生活，並且平靜地把握住精神的存在。

諸如這一切，是桑塔雅納個人自己的生活經歷，也是他個人對自己生命的體驗。

你、我可以想想：等到我們都已進入了日暮之年，或兒孫已滿堂之時，那個時候，你、我能否像桑塔雅納這位老哲人，是那樣的達觀、那樣的睿智，以及那樣的令人稱羨。

因為，從這一小段的心路告白裡，我們絲毫探不出已屆垂暮之年的他，會有任何的憂懼、煩惱、怨恨，甚至痛苦。

從反向來詮解，桑塔雅納是否有話要提醒年輕人的「無知」？有的！我們認為，他甚至要教示年輕人：應多把握自己的青春，多追尋自己生活上的幸福，並使自己多能愉悅地陶醉在其中。

當然，在這之外，他似乎也在提醒：年輕人在好冒險，酷動以尋求刺激、新鮮之餘，也不應忽略寧靜生活的價值及重要性。

至於年輕人，血氣方剛、慾望強烈，這則有必要多予節制。又，雖然他對現實生活不盡滿意，而懷具苦惱之情，這雖可理解，

但是，卻有必要重視和加以疏導。……

終究，桑塔雅納的老人萬歲觀，或老人主義哲學，可揮別了我們對年老時的眼神呆滯、動作遲緩、思緒混亂、言辭不清，以及其它種種的不便的刻板印象，而提供你與我一種清新、美好，又充滿活力的歡愉圖像。

二、莎士比亞言「老」

（一）關切存在與不存在的抉擇

一生曾對人的生、死觀察入微，且對人世的愛、恨、情、仇體悟有加，英國十六、七世紀的偉大詩人兼劇作家莎士比亞，每有他驚人的文學、文藝等的創作及發表。

其中，悲劇作品《哈姆雷特》一劇中的一段告白，可是能震聾啟聵，撼動你、我對生命的懵懂與愚昧。這一段告白是這樣寫著：「存在，或不存在，這是一個（重要）問題。」

好一個存在或不存在，是有或無，抑是在生或死……之間的明智區辨和抉擇！

（二）衰老的悲歌

至於介在存在與不存在，或生與死之間的一個可能或者過程──老、老年或年老──莎士比亞的文學慧思和哲理洞察，又彰顯出何等的生命知見？請見以下的詩文：

衰老和青春不可能同時並存：

青春充滿歡呼，衰老充滿悲哀；

青春像夏日清晨，衰老像冬天；

青春生機勃勃，衰老無精打采。

青春歡呼無限，衰老來日無多；

青春矯健，衰老遲鈍；

青春冒失、魯莽，衰老膽怯、柔懦；

青春血熱，衰老心冷。

衰老，我厭惡你；青春，我愛慕你。

《愛情的禮讚》，摘引自前揭書，頁134

　　這裡，誠然是以明快、對比的手法，濃烈強調青春的勝利、光明與活力——雖然有它的瑕疵，有如：冒失、魯莽——以及衰老（老年、年老）的失敗、黑暗與柔弱。而且，我們也可看到莎士比亞本人對衰老的厭惡與對青春的愛慕的內在告白。

　　平心而論，莎士比亞跟你、我正常人一樣，有他對年輕、青春的渴盼與期待；有對年老、蒼老或衰老的畏懼及迴避。

　　不過，事實上，隨著歲月緩緩的流逝，不管你、我再怎樣的憧憬青春，再怎麼的迴避年老，我們委實都無法剎住這無情的時光剎車，祇能眼睜睜看著它帶走你的、我的惆悵、喟歎與無奈。

　　莎士比亞不僅在《愛情的禮讚》該詩篇中坦然表白他對衰老、蒼老的厭惡，而且也在《十四行詩》裡吐露薄暮之年的悲哀：它猶如那接近黑夜——「死的化身」、「嚴靜的安息」——之前的暮靄，也如同「在青春的寒灰裡奄奄一息」的「餘燼」。

　　可真是悲哀、絕望！作為人類偉大詩哲之一的莎士比亞，正代表人間世人對人的自然垂老，乃至衰老表達嚴正的峻拒。不過，他文思儘管泉湧、動作又很激越，豈能因此改變既存的事實？完了！

問題依舊，人的衰老仍是自然的變化，毫無改弦更張的可能。

　　莎士比亞的衰老說、畏老論或批老觀，委實堪稱爲一首衰老的悲歌，早已被傳唱全世界；而依然被畏老之人視爲一首青春、活力、勝利與光明的送葬曲。

「病」的體會

　　病是生的一個警訊，也是生的一個轉機。多少人曾因病痛而獲得溫馨的關愛，有時卻也因罹病而遠離摯情的親朋。從患病的經驗上，人多會從病痛中輾轉體悟到生命的可貴和存在的意義。

　　以下，且來談談湯瑪斯・曼與祁克果這兩人如何說「病」。

一、湯瑪斯・曼說「病」

（一）生命是一種病態？

　　身爲德國的思想家兼作家湯瑪斯・曼，曾在他的作品中，以一種頗爲奇特的手法論說病；或者可以說，病與生命的內在關係。他這樣說道：

　　生命？生命本身？也許，它祇不過是一種物質的感染或患病的情況？那也許有人稱之爲最初的生殖的，是否祇不過是一種病態，一種由非物質的致病刺激而導致的成長？

　　向邪惡、欲望和死亡邁出的第一步，恰恰就是始於由某種未知的滲透作用所導致的精神愚鈍的最初發展，以及病態的奢華的惡性增長；這，就是物質最初始的階段。……這就是墮落。……

而生命，衹不過是向被玷污的精神那魯莽的道路邁出的下一步；生命不是別的，衹不過是無意識的表現受激而成為感覺，並且變得能為激發它者所感受。

很玄是吧？不然，就是很有病態心理學的一股論調或味道？雖然我們無法從他另外的作品，得窺他有關生命與病（態）這類課題的析述的全貌；但是，單從以上簡短的引文中，想必，應可略微得知他對「什麼是病？」這一問題的看法。

就是：病，是寄生在生命本身中，而且**會繼續**成長的「東西」。病，可能會使生命成為一種患病的情況。

再者，由於認定「病」這種東西是一種會成長和增長惡性之物，湯瑪斯·曼似乎有意將它和邪惡、欲望與死亡聯想在一起；並且，指稱這就是「墮落」……。

此外，他還表示：生命並不提供偉大、神聖的精神，而是逐步向玷污的精神邁進，再邁進……。

（二）生──有似一個混沌

在這種以另類的表現法處理生命，或詮解生命可能是一種病態的觀點，不知大家有什麼見解？其實，從湯瑪斯·曼使用那種類似隱喻法以表詮生命或為疾病釋義的過程上，我們似乎可以看到：他正針對隱諱未明的「生」這個混沌，努力清除一條可供人攀爬、接近的道路。

不然，你可仔細端詳一下：什麼是最初的生殖？什麼是非物質的致病刺激？什麼是未知的滲透作用？什麼是被玷污的精神？……等：這類語辭或語句的含混，真可說是教人如入五里霧中，而有伸手不見五指的茫然感。

有關生命，或病與生命的關聯這類的問題，難道是如此令人費思量？人是否必要使用曖昧不清的心理感觸和語辭去描摩？湯瑪斯·曼的說「病」，可能是有他獨樹一格的立場。

　　唯其我們誠然不敢說他是史上的第一人；但是，至少你、我總可以感覺到：有關你、我的這個生命的存在，以及人為什麼經常會與疾病為伍──不論是生理的、心理的，抑是精神的、性靈的……──湯瑪斯·曼的努力說明，應可為我們世人開鑿出一條可供運用的道路。

二、祁克果論「病」

（一）存在就是罪

　　作為西洋當代初期的心理學家、文學家、哲學家兼宗教作家──祁克果，是一個熱切關心人類的生命、他的存在意義和存在價值的人道思想家。

　　尤其，對生命的反省和探究上，祁克果則發現：由於人人都罹病了，也就是絕症──罪；這，正是你、我都必面臨死亡，以及憂懼死亡的最主要原因。

　　祁克果為什麼會這樣說？請看他怎樣辯解：

絕望是死病：絕對是心靈之病，是自我之病。

一個絕望者，不管靠怎樣的努力，憑何種精明的手法，自欺或欺人，且認為自己的絕望是自己遭逢的不幸事件，都一直無法避開對自己的絕望所應負起的責任。

《死病》·第一部

　　又說：

罪：是在神面前陷入要成為自己的絕望，或陷入不想成為
自己的絕望。……罪是絕望的強化。

異教徒和自然人祇以人類自我作他們的尺度。因而，從較
高的觀點來看，固然能說是異教徒是生活在罪惡裡；但
是，確切的說，異教徒的罪，僅是對神絕望的無知，是對
生存在神面前的無知。它的意義就是：「活在世上沒有
神」。

《死病》·第二部

　　以上，我們所摘引的文句，看來是否那樣的傷感？或者說，相
當的令人憤怒？說它傷感，是指：做為一個人，不管是你（妳）、
是我，祁克果說，（祇要你心中無神，或不相信神）我們就都要陷
入絕望中。而且，這個絕望，還將因為罪的關係而被強化。

　　那麼，罪又是什麼呢？他說：就是對自己正生存在神「面前」
的無知。這也便是指：你活著、我活著，你認為現在正舒舒服服的
活著，我也認為現在正快快樂樂的活著；不過，他卻明示：我們都
不知道有神在，不知道神在你、我的身旁。

　　神，可是正用祂銳利的靈眼，在盯稍著你、正視著我在做任何
一件事。啊呀！我們卻未察覺祂就在我們身邊，正在看著你，也看
著我高興、犯罪……。因而，可以說，這是感傷的事。

　　說它相當的令人憤怒，是因為：平常我們不是覺得好好的？
你、我和每一其他的人，都是人，都是活生生的人；因此，我們想
說或想做任何一件事，當然，就是要以我們自己或人的自我作衡量
的尺度。難道要以比我們還低等的動物，或其它生物做衡量的尺
度？

　　再來，它還明指：人不管作任何的努力，或是想成為他自己，

或者不想成為他自己，人終究也都要陷入困境，都會徹底的絕望。這樣的講法，豈不是太過於武斷？也太過於否定人有「人定勝天」的自信與能力……？真是太豈有此理！也真教人難以信服！

（二） 罪是一種不治之症

唯根據我們的瞭解，祁克果會那樣表述人的罹病，他並不是意指：你、我的身體，或生理結構中的哪一部分，染上了不治之症或者絕症之類。而是在指：在人的心靈、在人的自我之中，因為拒認神、不信神，甚至反對神、敵對神；所以，人都陷在「罪」中。

這個罪是無形的、不可見的，也是你、我就算想靠自己的觀察和努力，也難以發現到。因而，人都是生活在對「罪」（的存在）的無知之中。

也因為這樣，罪更導使人和他的周遭環境、他身邊的人，以及他所居處的社會與愛……等，產生了隔絕。這種隔絕（感），則反映在他內心所萌生的一股股焦慮或憂懼上；正如祁克果逕作進一步剖析的（他說）：

> 在每個人的內心深處，都存著一股憂懼：怕在世上孤寂，
> 怕被神遺忘，怕在上百萬的人群中被忽視。這種懼怕，會
> 因環視自己周遭和自己相繫的朋友與家族而疏遠；但是，
> 它基本還是存在的。

《日記》，1847年

好一個「基本還是存在的」憂懼！在祁克果幾近以深層心理學的詮析法，剖析罪在人心中深處的感覺；從而，即得到這樣的一種結果：憂懼是（原）罪的預設。

這意思是說：任何一個人，不管你是位高權重的大官，還是市井升斗小民，在你平常的生活中，祇要你感覺到自己心中偶而有不

安的時候，甚至是不安的逐次加劇，即有：焦躁、憂煩，乃至憂懼……的情緒產生時；他說，這正證明你是有「罪」的。

祁克果的這種「有憂懼即有罪」的人性觀點，對當代心理學界來說，可說是開展出另一種思維的空間。至於對猶太和基督（宗）教界來講，它更是提供了另一種詮解《聖經》的罪觀的新的角度。

從以上簡要的論述裡，你、我大概可以知道祁克果是怎樣談「病」的了。說來，這個談論，也並未完全結束。因為，它牽涉到：既然說人人有病，那麼，人間是否有好的藥石，好使你、使我真正能夠「藥到病除」？

而就筆者所知，這個藥石，應該就是指：要人有「願意相信」的誠心、誠意或誠信。到底要相信什麼呢？對祁克果來說，便是相信那位能使「一切事物都有可能」的（真）神。

無怪祁克果一談到人所罹患的怪「病」時，他會把它稱作「死病」（致死之疾，The Sickness unto Death），它是指：人類的心靈、靈魂，在神面前原全都是已死的心靈或已死的靈魂。

因此，如從人性的角度來說，你、我心中所存在的憂懼或罪，至終將使你、使我都罹患上必死的絕症（可稱之為絕望）。它是無可救藥的不治之症。

這時，除非你、我肯於「喪失自己的理解力」，即以信心、信仰，全權交託給那位掌握人類的生、死的宇宙真神；也就是相信能使「一切事物都有可能」的那位全能者（按：如先前提述的那位「完全的祂者」），人類才有起死回生、從死復生而得永恆生命的可能。猶如祁克果明示的：

> 就神而言，一切事物都有可能。這是關鍵所在，這是永恆真理；因而，每一剎時，都將真確不移……。

又嚴正的表示：

一般人也承認：它確實是這樣。不過，這卻是關鍵所在：當一個人的境況極為惡劣之時，當就人性而言他已絕無可能性之時，他是否還能相信……？

這時，問題就在於：他是否相信──「就神而言，一切事物都有可能？」這便是指，問題係在於：他是否「願意相信」？然而，「願意相信」正是喪失自己的心智與理解力的公式。信仰，正是喪失自己的理解力，以便贏得神。

《死病》・第一部

以上有關信仰與贏得神……等的談論，應該可以說是祁克果的論「病」、談「罪」而必然導致的一個結果。

「死」的反思

死是生命的終止，也是一切的結束。但是，懷有宗教信仰者，每每把死當成另一生命形式的開始，而不畏懼死。你相信嗎？

不然，就應該先慎重地注意死（亡）這個有似客觀的問題；而後，才用心關注自己到底會不會死這最攸關自身的未來的大問題。

以下，我們且來聽聽佛洛伊德（S. Freud, 1856-1940）與維根斯坦（L. Wittgenstein, 1889-1951）這兩位思想大師之對「死」所提出的看法。

一、佛洛伊德論「死」

（一）死是一切生命最終的目標

身為當代奧地利的醫學心理學家兼精神分析的創建者佛洛伊德，在他有關深層心理學的探討以及提出「我」有三內在結構要素（按：本我 Id，自我 Ego 與超我 Super-ego）之餘，也費心去思量所謂「死亡」這一頗具根本性的問題。

什麼是死（亡）呢？他曾這樣說道：

> 我們確實很難設想自己的死，而每當我們試圖去設想死亡時，我們都能看到，我們實際上是作為一個旁觀死亡的人而活著。

> 因此，心理分析學派敢於這樣認為：說到底，沒有人相信自己會死；換句話說，在無意識中，人人都確信自己長生不老。

> 說到底，讓生命具有持久意義是一切生物的第一職責。任何令我們感到生命難以持久的幻想，都毫無價值。

> 我們記得了一句話：你想和平，就得備戰。

> 我們可以恰當地將這句話意譯為：你想長生，就得準備去死。

《目前對戰爭與死亡的看法》；摘引自《人生哲學寶庫》，頁84

又表示：

> 如果……一切有機體的本能都是保守性的，都是歷史地形成的；……於是，我們就會得出這樣的結論：有機體的發

展現象，必須歸於外界的干擾性與轉變性影響。……最終，在有機體發展史上留下切痕的，必定是我們所居住的地球的歷史和太陽的關係的歷史。

任何一個被如此強加給有機體生命歷程的變化，都被那些保守的機能本能所接受，並且保存起來以供今後的重複使用。因此，這種本能就會給人一種假象，好像它們祇想借助新、舊兩種途徑，來尋求達到一個古老的目標。而且，確定這個一切有機體為之奮鬥的最終目標，也是可能的。……

生命的目標，必定是事物的一種古老的狀態、一種最原始的狀態。……如果我們把這個觀點──按：一切生物毫無例外地由於內部原因而歸於死亡（即：再次化為無機物）──視作真理的話；那麼，我們將不得不承認：「一切生命的最終目標，乃是死亡。」而且，回顧歷史可以發現：「無生命的東西，乃是先於有生命的東西而存在的。」

《超越快樂原則》，同上，頁85

從以上的摘述裡，我們可獲得佛洛伊德有關死亡的部分主張：
・死亡，像是你、我身外的一個事件，我們祇能以旁觀（按：好像與我們任何人都無關係一樣）者的身分去觀察它。
・幻想生命能夠持久而不衰亡，是一切生物個體，包括人在內的第一職責。
・以「假設」出發，認為一切生物存在的目標，應都是歸向它自己本身的死亡。
・（從上述有限資料的研判，可以得知：）生物個體之作為有機體的存在，是後於無生命的東西；生物個體的死亡，則是

它化爲無機體的開始。

(二) 不死是潛意識的渴盼

在佛洛伊德的這種死亡觀上，不知你發現到了什麼線索？或者你會有什麼感想……？而據筆者的瞭解，要談線索或說說感想的話，大概有這兩點：

第一、他指出：長生，即讓生命持久，是「一切生物的第一職責」。這則讓人聯想到中國道教的煉丹成仙；以及在更古早莊子的言論裡，也曾提到在某深山有仙人不死、不食人間煙火而且長生的傳說。

另外，則會聯想到我國秦朝時代的始皇帝，他爲尋求長生不老的仙丹妙藥，派人浮海至所謂的仙島仙山想取藥煉製。結果，傳聞這些人全都未歸。秦始皇最後也跟一般凡人一樣，撒手西行，破碎了他想一圓長生不死的美夢。

而古代的埃及金字塔文化和文明，更是在見證古埃及法老王們，都奢求當他（們）死後不久能夠再次的復生；因而，便有木乃伊的製作，以企圖保存屍身而待將來的永遠的復活。

至於和埃及同樣位居地中海周邊的另一希臘古國，在西元前四、五世紀時期蘇格拉底與柏拉圖……這些睿智哲人的思想中，也多保有靈魂長生、輪迴不朽的觀念。

此外，古印度的吠陀文明和古代婆羅門教的宗教思想，更是帶有生命輪迴、人永不死的濃烈主張。……

不管有如上述這類的學說、主張或論調是否爲眞，想必，它們應多在證明一件不爭的事實：作爲有生命的一切生物，尤其我們人類，多渴盼自己能夠長生不死，都能生命永存。

第二、他談到：一切生命的最終目標，乃是死亡。這，則教人產生這樣的一種矛盾的想法，就是：生物個體不是都渴盼自己的長

生，或讓生命持久？爲什麼「一切生命的最終目標，乃是死亡」？

其中的關鍵，應該就在於：死亡，並不是生物個體之企求自己長生或讓自己生命持久的自我渴盼。如果是這樣子的話，那牠（或：他）自身既想長生，又想求死，那不就自相牴觸、自我矛盾了嗎？

因此，我們似乎可以作出這樣的一個推論：一切生命，或者說，一切生物的生命之趨向死亡、走向死亡這個最終目標，這當是牠（或：他）的一種命定和無奈。

牠（或：他）是不想這樣子；但是，實情上又不能不這樣。牠（或：他）在這方面，即和維持自己生命的長存採取反向運動，如從某個意義來講，則應是出於被動或者被決定的。因爲，牠（或：他）想活下去，不甘願這樣的去死啊！

簡單的說，一切生命都想活，不想死；都要長生，不要永死，這應是牠（或：他）本能上或潛意識上的一種期待。

不過，既然現實存在的遊戲規則已被訂定，一切的生物，包括你、我，就當服膺（儘管不情願）這個遊戲規則，而自過自己的生，並且面臨自己的死。至於或想祈求長生，覓尋不朽，則交給自己另外的一種想像、信仰，或者在「本能上或潛意識上」作思維的努力。

二、維根斯坦談「死」

(一) 死是無法體驗

當代奧地利的語言哲學思想家維根斯坦，不僅對西洋學界中有一學派名叫「邏輯實證論」的發展，有他一定的貢獻；就是在當今歐、美的語言分析學術運動上，也有他不可忽視的影響力。

也許，是夾帶著他對人類的內在思想與語言的深入研究，而在現今的人文社會科學思想領域有他特出的吸引力，維根斯坦，這位被看似有若「謎」一樣的哲學怪傑，他對生命的課題，尤其攸關生、死的蘊義是什麼……？等這類問題，倒有他出人意表的說辭；因而，搏得不少學界人士的注目與萌生研究它的高度興致。

　　以下，我們就援引他在早期一本馳名的思想論著《邏輯哲學論叢》中的一個片段，來看看他究竟是如何論說死（亡）的。他說：

　正如在死時，世界也不是改變，而是消滅。

　死不是生命的事件。人是沒有體驗過死的。

　如果把永恆理解為不是無限的時間的持續，而是理解為無時間性；那麼，現在生活著的人，就永恆地活著。

　我們的生命是無止境的，正如我們的視野是沒有界限的一樣。

　人類靈魂時間上的不巧，也就是說，死後的永恆的生命，不僅是無法保證的，而且這種假定本身，對於人們常常用來藉以達到的那種東西來說，是根本不能實現的。

　我將永遠活下去，這一點是否能把謎解開呢？這種永恆的生命，不是同我們現在的生命一樣地是謎嗎？生命在空間和時間中的謎的解決，是在空間和時間之外的。（這裡應該解決的，不是自然科學的問題。）

　又表示：

　人們知道生命問題的解答，是在於這個問題的消滅。（這難道不是在長時期懷疑之後才明白生命意義的人，畢竟，

還是不能說出這個意思究竟何在的原因嗎？）

確定有不能講述的東西。這是自己表明出來的；這就是神
秘的東西。

《邏輯哲學論叢》，郭英譯，唐山，民78年，頁103-105

（二） 生、死是永遠難解的謎

在維根斯坦的死亡觀裡，我們可以發現它具有下述幾樣的要
點：

・力言：死亡不是生命的事件，也是任何人所不能經驗的。

特別是，後一項論點，則教人聯想到古希臘有位名叫伊比鳩魯
（Epicurus, 341-270B.C.）的無神論唯物主義思想家的哲學主張。它
的大意是：祇要我活著，我是無法經驗自己的死，而且就當我死
了，死也無法被知覺、被我來經驗；因此，就可以說，對我來講，
死根本就不存在。因為，死是無法被經驗的。

在這裡，則很難不教人評判：維根斯坦的這種「死亡……是不
能經驗的」觀點，無不是受到伊比鳩魯的思想的影響。

此外，當代法國力持反神論的存在主義的「代言者」沙特，也
承襲伊比鳩魯的這種死亡觀，而倡言死是不存在的「妙論」！

・從語言與思想的詭辯夾縫中，倡言：人的生命是無止境，而
且活人是永恆地活著。

關於維根斯坦這種的想法與說法，我們祇能表示：它是自陷於
自己以其有限心智所鋪設的語言和思想的網羅，而並無法看清現實
界一切生命的發展現象，那就是：一切生物界的生命個體，既有牠
（或：他）生命的開始，自然就有牠（或：他）那有限生命的終
止。這是萬有存在的定律，也是你、我任何人所無法違犯的宙世鐵
則。

不然，你可想想：維根斯坦現在人在何處？（沙特，現在人也在哪裡？）如果他們兩人還在世上繼續活著的話，他們到現在豈不是可以不斷發表他們的其它的高論？不過，他們本人卻已沈寂了。

　　這到底是什麼緣故呢？原因是：他們都不在這世上，他們都已死亡了！他們自己的思想、自己的言論，或有關自己不「死亡」的獨特主張，都無法擔保他們各人的長生不死、永遠地生活下去。

　　承認有謎，尤其有關「永恆的生命」這個謎的存在。

　　不過，他則將它與「生命問題的解答」擺在一起，而自認為：除非人不提這類問題；因而，便沒有任何有關這類問題的答案的存在。所以，他會說：「生命問題的解答，是在這個問題的消滅。」

　　這裡的意思，就是：問題一旦消滅了，一旦沒有了，問題當然就不成問題。因此，有關想去回覆它的答案，自然而然就不成形，就不存在。

　　此外，就算有人想一直詰問生命的問題，或想求得生命之謎的解決，維根斯坦則用頗耐人尋味的口吻說道：「生命在空間和時間中的謎之解決，是在空間和時間之外。」又表示：在它並不屬於自然科學的問題。

　　好一個非自然科學的問題！好一個生命之謎的解答，是在你、我所居住的這個時、空間之外的所在！

　　平心而論，在這裡我們所看到的維根斯坦，並不是一位力言無神論的語言魔術家，而是帶有某種玄秘主義色調的語言保守主義者。因為，他自承：人所使用和運用的語言表達，原就有它先天的限制。

　　就如：有關倫理學、美學、宗教、神學，乃至有關人類生命意義之類的探討，他都將它們當成「不能表述的」或「不能講述的」，而它（們）自身卻會自己「表明」出來的東西。這就是一種

的玄秘思維！一種頗具獨特思考之特色的神秘主張。

在此，不知你（妳）是否會聯想到我中國道家的老子，對「道」的難以捉摸性有他特殊的見地：

「道可道，非常道；名可名，非常名。」（參前）

老子所體會的玄秘之「道」，就是人世間任何的語言文辭所難以窮究明述的。他的這種對「玄秘世界」、「神秘世界」或「不可言說的世界」的認知心態，豈不神似維根斯坦之對「不能表述」、「不能講述的」世界所採取的認知態度？

總之，從解讀維根斯坦的死亡觀上，我們依然得到這樣一個鮮明的印象：死就像生（生命）一樣，它依然是活人企想探清、究明的永遠之謎。死，不僅吸引了你、我驚愕的眼神，也提供了你、我無限的想像和思維的空間。

「喜」的發出

喜是生命（力）的一種表現，也是人有情感、有其精神活動面的重要明證。

喜在一個人的喜、怒、哀、樂四大情感中，可有它獨特的性質。因為，強烈的、濃烈的狂喜，每每會和它的對立——「悲」——交纏一起，而難分難捨。就像常言有云：「悲、喜交集」，就是這個意思。

西方英國十六、七世紀的文學巨匠詩人莎士比亞，也有這類的感觸；他說：

強烈的喜、怒、哀、樂，正是由於這類情感使實踐能力喪失殆盡。沈醉於喜悅的人，通常也愛沈迷於憂傷；往往是

悲即是喜，喜亦是悲。

《哈姆雷特》，摘引自《人生哲學寶庫》，頁535

以下，我們則想談談培根（Fr. Bacon,1561-1626）與霍布斯（Th. Hobbes, 1588-1679）這兩人對「喜」另外抱持怎樣的看法，並試作一評述。

一、培根談「喜」

（一）尋求獲取真知的入徑

身為十六、七世紀英國有名的法學家、政治學家兼哲學思想家培根，在人類追求知識、尋求真理的努力上，可扮演了頗重要的推助角色。

這個角色，我們認為：是具有指導性和啟發性的。譬如說：你要求學、讀書、做研究、做學問……，以求取真的知識，而不是那已被扭曲、已被矇騙的東西。這時，培根即跳了出來，他教示你必須能夠先知己知彼，而後才能百戰百勝。

這個戰勝失敗，擁有勝利的秘訣在哪裡呢？就是要認識自己內在的一切，即要從自己或自己的心中，或破除四個執著，即四種蔽障——他稱之為：四偶像——開始。

這四個偶像，分別是：

種族偶像：表徵人天生下來，即在某一家族、種族、民族……等生長環境中長大，由於會帶有某種先天、後天的認知習性或生活上的劣根性……等；這些在培根看來，則多會影響一個人求取真知的努力，因此就必須加以根除。人要破除種族偶像，便是指這個意思。

洞穴偶像：表徵一個人內心所帶有的偏見或所謂的井蛙之見，或者由於私意所引生的種種錯誤。破除洞穴偶像，便是指：要掃除這些錯謬的個人的狹隘之私見。

市場偶像：表徵人多不察道聽塗說、某些無事實根據的謠傳或流言，之會對一個人心思意念的影響，而必須加以留意。破除市場偶像，即是指：要破除這種流言或謠傳的意思。

劇院偶像：表徵傳統的或正在思想舞台上竄紅的某些思想、觀念、學說、理論……等，會對一個人的思考產生重大的刺激與影響；因此，必須特別的注意。破除劇院偶像，便是指：要破除上述這些有其錯謬的思想、觀念，或學說……的意思。

（二） 真正的欣喜何處尋？

從以上的簡述中，我們大致可以瞭解：培根本人是如何對真理、知識的熱愛。而且，為了讓自己的愛好真知、求取智慧的熱忱，也能感染到其他人，使他們同享這種知性的快樂和喜悅，他便有上述這破除四偶像的言論。

以下，我們則想看看培根是如何把喜悅或知性的快樂，結聯於知識和學習，而談到喜悅的最高意境。

他說：

感官的愚弄，正是感官的一種快樂。

《學術的進展》，卷 Ⅰ，摘引自前揭書，頁590

又表示：

知識和學習的快樂與欣喜，在本質上遠遠勝過其它所有的快樂。

情感上的快樂勝過感官的快樂，就像欲望或勝利的實現，

超過聽一首歌或吃一頓美味那樣嗎？那麼，在重要的方面，理智上的或理解中的快樂，一定不會勝過情感上的快樂嗎？

我們看到，在其它所有的快樂中，有一種厭膩感；並且在它們被享用後，它們的新鮮感就會過去。這種情況很好地說明：它們祇是虛假的快樂，根本不是快樂。這也就是說，是它們的新奇性，而不是它們的本質給人帶來快樂。

《學術的進展》·卷 I，同上

針對這兩段引文，如果要想說出它們究竟有何特性時，想必，可以作這樣的表示：一者，它指出快樂是有等級、可分類的。二者，提到快樂，也有真實的與虛假的快樂之分別。

虛假的，是來自它的新奇性，因而，它「根本不是快樂」。而真的快樂，則是指：出自一種能給予人快樂的本質性的快樂。

他甚至又表示：虛假的快樂，祇能給人厭膩感，它的新鮮度有限。為此，這種快樂一旦被人享用過後，就會教人感到索然乏味；因為，它的新鮮感已過去，已消失殆盡。

(三) 沈思真理的愉悅

我們已看到培根對知識與學習的極度重視；而箇中最值得一述的，則莫過於：他誠然體會到知識與學習，乃能常給人們一種快樂——可以說是：「理智上的或理解中的快樂」（參前）—— 和欣喜。

就此，它則教人注意到西洋中世紀曾有一位馳名的哲學家兼神學家湯瑪斯·亞奎那（St. Thomas Aquinas, 1225-1274）；後者，也有這類的言論。像湯瑪斯就曾提到追尋真理、沈思真理所能提供給人的一種喜悅：

所有愉快中最高級的愉快，存在於對真理的沈思。如上所述，每一愉快都在於減輕痛苦。因此，對真理的沈思，也減輕痛苦和憂傷。一個人越是成功地達到真理的沈思，就愈是成為一個智慧的熱愛者。

又表示：

如果我們根據在直接活動中我們感到欣喜這一情況，對理智上的快樂和感覺上的快樂進行對比；例如，在感性知識和理智性知識中進行對比，無容置疑，理智上的快樂，可要比感覺上的快樂要大得多。

在人們認識事物中，理解它比僅僅依靠感官感覺去認識它，會給人們更多的欣喜之感。這一是，因為理智上的認識更完美；二是，因為我們能更明瞭地認識它，理智要比感官感覺對其本身的活動有更多的反思。……

如果理智上和精神上的快樂，跟感覺上和肉體上的快樂相比較；那麼，從它們的本質來說，並且說絕對了，精神快樂就是更偉大的快樂。

《神學大全》；摘引自前揭書，頁587～588

以上，我們試從培根談「喜」而提述湯瑪斯·亞奎那的「精神快樂」說，用意當想告訴大家：追求快樂與喜悅雖是人之常情；但是，鑑於快樂、喜悅之情有它不同的內涵與性質，因此，如何發現，並且找到真實的快樂、實在的喜悅，那才是重要。

二、霍布斯論「喜」

(一) 喜悅是善的感覺

身為近代英國的哲學思想家霍布斯，他的一生，除了有《巨獸》（*Leviathan*）這本政治性著作的出版問世，而敲響了他的政治哲學名號之外；再來，就是他的反笛卡兒（R. Descartes, 1596-1650）——最膾炙人口的一句名言是：「我思故我在」，以及他那頗富經驗主義色彩的論調。

在這個背景下，霍布斯於談人性、說自由、論政治之餘，也涉言「喜悅」這種人類情感的愉快之表現。

當然，由於他關注自然律、社會契約與道德性的美德……等這類課題，並且認定：尋求和平的欲望，是一切道德性的美德（有如：善、正義、公理……）的發源地；因此，他心目中對「喜悅」這種人的內在感受，便有它獨特的界說。

像對於什麼是「喜悅」或快樂？他則這樣說道：

……快樂或喜悅，是善的表相或感覺；不高興和不快樂，卻是惡的表相或感覺。因此，一切欲望和愛好，多久都伴隨出現一些喜悅；而一切憎恨或嫌惡，則多少伴隨出現一些不快樂和煩惱。

又表示：

快樂和喜悅，有些是由於現實對象的感覺而產生的，可以稱為感官感覺的快樂。這一類的快樂，包括：一切身體的添增與排除；此外，還包括：視覺、聽覺、嗅覺、味覺和觸覺諸方面的一切快樂的事物。

另一些快樂，則是由於對事物的結局或終結的預見所引起

的預期，而產生的；不論這些事物在感覺上快樂或不快樂，都一樣。這類的快樂，便是得出這類結論的人的心靈快樂，一般人稱為：歡樂。

同樣的情形，不快樂有些是感覺方面的，被稱為：痛苦；另一些，則是對結果的預期方面的，被稱為：悲傷。

《巨獸》：摘引自前揭書，頁591

（二）經驗世界中的喜悅

從以上的引文中，大概可以得知：喜悅，對霍布斯這位經驗主義思想家來說，它可不像先前所提的培根或湯瑪斯·亞奎那他們的見解，即把喜悅指涉成理智的、理解的，或追求眞理、沈思眞理的那種愉快，而是瞄向現實世界、經驗世界中的一種喜悅之感或喜悅之情。

像他就這樣表示：雖然喜悅或快樂可視爲善（應具道德義的）的表相或感覺；不過，它卻是伴雜有一切的欲望與愛好，以及產生自對現實對象的感覺，而非源生自對精神界或理念界的對象（有如：眞理）的覺識。

總之，據我們的判斷，針對霍布斯的這種喜悅觀或快樂論，他的認知與理解層次，祇停留在感官經驗界或這個現實的俗世世界，而有它的侷限性意味。

這也在說明，霍布斯的認知視域，似乎並不及於理念的層次、精神的層次。所謂的經驗世界，自然便成爲他關懷、論思與尋求思想發展的舞臺；捨此，則無它。

「怒」的傷痕

怒，一能傷人心，二能傷人骨。在怒中說話，祇會增加人的怨氣，並無法提供平和的靜謐。為此，如何止憤息怒，便成為一個人修養自我身、心的一種崇高目標。

自古以來，尤其東、西方各大宗教，像：猶太和基督（宗）教、佛教和印度教……等，就多有這方面的訓義和教示。譬如：

印度教的教義，即訓示教徒要能學習節制怒氣；不然，憤怒即將帶來周遭環境的混亂……。

佛教即教導：如何止憤息怒，是修行者必須修習的日常功課之一；唯有這樣，才能使人遠離災禍與劫難。而猶太和基督教則教示：以愛而非以恨，去寬恕、包容自己的仇敵；而且若有憤怒萌生，則應收斂，不可含怒到日落……。唯有如此，始能體現神的或基督信徒的美德。

以上，祇舉某些事例以作說明。想必，在其它的宗教派別中，也可找到更多的教導或訓誨。

接而，我們且想談談洛克（J. Locke, 1632-1704）與三木清這兩人對人的憤「怒」的看法。

一、洛克說「怒」

（一）事物挑惹出憤怒

洛克是近代英國的經驗主義哲學家兼政治思想家。由於他學識淵博，舉凡物理、化學、政治、倫理、教育、醫學、哲學與神學……等，多可稱作是他鑽研的對象。

而就在當代人文社會思想界中，他那奠基在經驗主義上的知識

理論，就頗受到學界人士的注意。

　　就如，他指稱人所認識的周遭事物，總的來說，便可以將它們區分成以下兩大類。分別是：第一性（初性）：物體的數量、形狀、伸展性與運動……者，就隸屬於它。第二性（次性）：有關物體的色、聲、香、味、觸、冷與熱……等，便隸屬之。

　　又，對於物體（物質、事物、東西）的這兩種性質，人應該怎樣去認識它呢？他表示：人的感官知覺（感覺）所面對的，就是物體的第二性；而心靈（內心）、思想、意識……，才是面對物體的第一性。這雙方，並無法交混。

　　這也就是說，人的認識事物是逐步性的：他先從感官知覺開始，而後，才逐漸進入到心靈或意識中的交接。祇是，不管怎麼說，洛克的這種認識域的二分法理論，對後世，即今日的知識學界，可造成不少的影響。

　　此間，我們要談的「怒」，或指人心的憤怒、怒氣，這對洛克來講，它即是隸屬於人的認知能力——心靈這一方的。在他看來，所謂的人的情感，包括：喜、怒、哀、樂等在內的一切情意表現，都可稱作是心靈活動的樣態。

　　現在，特別針對「怒」這個人的心靈活動的樣態，我們想知道洛克他本人到底是怎麼說的：

> 嫉妒和憤怒，不是由僅僅是它們本身中的痛苦與快樂引起的，而是在它們之中混合著某些我們自己的和他人的考慮；因此，嫉妒和憤怒無法在所有人中找到。因為，其它那部分，評價它們的優點，或要報復的部分，是嫉妒和憤怒所缺乏的。

> 然而，其它所有的情感，都徹底終止於痛苦和快樂；這些，我認為，在所有人當中都可看到。僅僅是在快樂的意

義上，我們愛、欲望、歡樂和希望；本質上，僅僅是在痛苦的意義上，我們恨、恐懼與悲傷。

總而言之，所有這些情感，都是由事物所推動。因為，正是它們表現為快樂和痛苦的原因，或與苦、樂有著某種的關係。

《人類悟性論》：摘引自前揭書，頁536

從以上的摘述中，我們當可看出，在基本上，洛克係認定：人的怒氣或憤怒，是由外在環境中的事物所挑引起；至於在心中的這種憤怒，總和痛苦有關。因為，憤怒所帶給人的感受，絕對不是快樂、歡喜和希望。

(二) 憤怒：實質上是一種痛苦

對洛克的這種「怒」觀，如果能將它和笛卡兒（按：幾乎和洛克同時期而同為開創近代哲學的思想家，他的哲學立場，主要是力闡理性主義的觀點）的「怒」觀加以對照的話；那麼，就可以得出這樣的一種差別：

在談到恨時，他認為：恨跟好奇、愛、欲望、歡樂與悲傷這五種情感，幾乎是構成人類其它情感的主要基礎。此外，又提到：人若要瞭解包括憤怒在內其它情感的性質，最好的方法，就是先要考察靈魂與肉體之間所存在著的區別。

關於洛克與笛卡兒這兩人有關（憤）怒的主張，我們以為：他們兩位因為是站在各自的思維角度，所以，便有如上述不同結果的產生；這自是無礙於後人對「什麼是怒？」以及「怒與人，或者怒與事物的關係是什麼？」的理解。

祇是，在這裡，我們較為注意的是：為什麼人的內在心靈，是如此容易受到外界事物的影響？不祇如此，對這樣的一種影響，人

的反應，也就是或在思想上或在行動上的反應，為什麼經常是過激的或激越的？而難以作適切的自我節制？

莫非在人的內在的知、情、意……等的活動中，憤怒或怒氣所歸屬的情（感），當是較具有主宰性的一般力量？而且，在壓制知與意的過程中，情往往使它自身的表現達到幾近失控的地步；為此，才出現了無法作自我節制的動作？……

一種無法作自我節制的憤怒，可以想見，它的後果多半是痛苦或傷悲的。因為，它不僅傷害到生發怒氣的當事人自己，而且，也會波及到他所發怒的對象。

前述，洛克之提到憤怒與痛苦的關聯，甚至論及恨、恐懼與悲傷都和痛苦有關，這可說頗為中肯的一種認識。

二、三木清話「怒」

(一) 機智是迴避發怒的秘訣

三木清是日本有名的思想家之一，他在自撰的《人生論筆記》一書中，對於人心的怒氣或憤怒，則有較多的著墨，而很令人矚目和喜愛。

像在該書的〈關於憤怒〉此一篇章裡，他就這樣寫道：

……憤怒多是情緒性的。情緒與生理分不開。因此，平息憤怒，最好是訴諸於生理手段。生理與道德有著深刻的關係；古人深明此理，並以此修身養性，……

時間，可說是平息憤怒的最佳手段；因為，憤怒總是突發性的。……

我們的憤怒，大多在於神經。因此，必須避免刺激神經的

各種因素。例如，空腹、睡眠不足……等等。

很多產生於極小原因的事件，都像並非因極小的原因所產生似的。許多即使產生於極小原因的事件，一旦產生了，就往往引生出大禍。

又表示：

所謂人類的憤怒，是產生自名譽心的憤怒。名譽心與個人意識是不可分割的。

憤怒──即使人們是無意識的──總是顯示著：自己是一獨立的個人，獨立的人格。這裡面涵蘊著憤怒的倫理意義。

如今，憤怒的意義變得曖昧不明，是跟社會上名譽心和虛榮心的區別也變得曖昧不明相適應的。這反映了社會上無個性的人增多的這件事實；而憤怒的人，至少是有性格的人。

人感到被輕視時，最易發怒。因此，自信的人，不易發怒。他的名譽心，阻止了他易怒的情緒。的確，自信的人，平靜而且具有威嚴，這是成熟的性格。……

迴避發怒的最佳手段，是機智。

憤怒有貴族主義的因素。無論在善意還是在惡意的意義上，都是這樣。

祇有理解了孤獨是什麼的人，他才可能真正理解憤怒。

　　　　《人生論筆記》‧〈關於憤怒〉；摘引自前揭書，頁565

好一篇憤怒的剖析圖！從這兩大段文情並茂的引文裡，我們可以看出：對於「怒」氣或憤怒是什麼？三木清至少抱持了這幾個要點：

1. 人的怒氣，多與情緒（心緒）和生理相關。一旦能解決生理的問題，則怒氣自可消減許多；甚至，化之於無形。
2. 具突發性的憤怒，需要時間來平息和平復。常言道：「時間可來療傷止痛」，也正是這樣的一個含義。
3. 憤怒與個人自尊的意識有關。自尊心受損的人，乃易於發怒氣；至於有自信的人，因為個性較為成熟，而比較不易發怒。
4. 能平心靜氣，有自信、有機智的人，則多能迴避發怒。

（二）建立自信、自尊的重要

在三木清的怒氣觀中，不知你（妳）能體會出什麼樣的道理來？至於筆者，則發現到：他綜合了人的生理、心理（心緒、情緒）、時間與道德……這幾個層面，而試著以周延的角度來剖析憤怒的「主體結構」。

此外，最為寶貴，也最值得大家珍視的是：他還舉出了如何迴避和消除憤怒（怒氣）的幾個有效手段：

1. 解決生理問題，如：避免刺激神經。
2. 修身養性。
3. 靠時間來平復（如：時間一久，能使記憶減退……）傷痛。
4. 建立自信（心）、成熟性格。
5. 機智。
6. 冷靜，以便去理解孤獨。

我們覺得，在現今這種人際關係複雜、社會各行各業競爭激烈的時局中，一個懂得如何瞭解自己，適切的建立自我的自信與自

尊，不時注意自己的修持工夫，以及透過不斷學習、理解以擁持高階生活智慧（按：包含明智）的人，便是一個性格成熟、穩健，而又有威嚴的人。

又，這樣的一種人，自也是能夠處處勝任各種人際互動關係，並處置各樣事務的才俊之士。

以上所提的三木清的對治憤怒觀，誠然有助於你、我於如何尋找，並建立自己成熟、穩健個性上的一種認知。

「哀」的感受

哀，是人心傷痛的感覺，也是人心接近絕望的顯示。常言有云：「哀莫大於心死。」這即在提示：一個人內心的傷痛、悲苦，乃至近乎絕望，當是他陷入哀愁、極度痛苦的寫照。

以下，且來談談紀伯倫（K. Gibran, 1883-1931）與宮城音彌這兩人對「哀」的看法。

一、紀伯倫談「哀」

（一）人是擺盪在哀、樂之間

紀伯倫是當代黎巴嫩和美國有名的作家兼藝術家。據我們所知，他那最膾炙人口的一部作品，是《先知》這本經典名著。此外，他在寫作、繪畫與製圖……等方面，也有他令人刮目相看的成就。

此間，我們則想看看紀伯倫在他的美藝世界之外，他對人間的一大疾苦──「哀」、悲哀、哀傷或哀愁……──又體悟了多少？瞭解了多少？

對於人世間的悲哀、哀痛，他如此巧妙的形容：

你的歡樂，就是你的去了面具的悲哀。連你那湧溢歡樂的井泉，也常是充滿了你的眼淚。不然，又怎樣呢？

悲哀的創痕在你身上刻得愈深，你越能容受更多的歡樂。……當你歡樂的時候，深深地內藏你的心中，你就知道：祇不過是曾使你悲哀的，又在使你歡樂。當你悲哀的時候，再內藏你的心中，你就看出：實在是那曾使你喜悅的，又在使你哭泣。

你們有些人說：「歡樂，大於悲哀。」也有人說：「不，悲哀是更大的。」我卻要對你們說：它們是不能分開的。它們一同來到，當這一個和你同席的時候，要記得：那一個正在你床上酣眠。」

真的，你是天平般懸在悲哀與歡樂之間。祇有在盤空的時候，你才能靜止，持平。

當守庫者把你提直來稱他的金銀的時候，你的哀、樂都必需升降了。

《先知·歡樂與悲哀》：摘引自前揭書，頁578

悲哀，可以使人謙恭、善良，彼此親近；享樂，則會令人忘乎所以，頭腦發昏。

因為，人總是尋歡作樂，紙醉金迷。貪得無饜，有加不已。

《淚與笑·我的朋友》，同上

你的歡樂和悲傷，祇有在世界在你眼中變得渺小時才會顯得巨大。

《奇談錄‧海灘上的一捧沙》，同上，頁579

又表示：

憂傷的人啊！你潸然淚下，比那些虛情假意的人的笑還要甜。這淚水可以洗滌心靈，把憎恨的污垢洗刷乾淨；它教導流淚的人，要與那些傷心的人相互同情。那是基督的淚水縱橫。

《淚與笑‧我的朋友》，同上

（二） 深哀是真情的流露

在以上幾段珠璣的文句中，你（妳）發現了什麼？是否看到了紀伯倫這位大文豪橫溢的才華？還是他妙筆下的詼諧？不然，是否領略到他對「悲哀」此一弔詭情懷的炙人洞察？

筆者則看見：在短時悲哀——不是長時、不間斷的——過後的那種泉湧般的歡樂與喜悅。因為，從紀伯倫的剖析「哀」愁、「哀」傷的背後，可以嗅出他對人性、人道的警覺：「悲哀可以使人謙恭、善良，彼此親近。」好一個反向地思維人的哀愁、人的傷痛、人的悲情！

特別是，在他的詮釋「哀」愁中，紀伯倫已注意到：什麼才是真實的人性？什麼才是真情的顯露？他表示：有如極樂一般，唯有深哀才能顯露你的、我的真實。

此外，他更加叮嚀著：憂傷之人的淚水，要比虛情假意之人的笑靨還甜美。何故？因為它是發源自傷痛者深炙的內心，流淌自哀愁者摯內的真誠。

這種至情、至眞、至美的描述「哀」，也呈示出「哀」、「憂傷」的不可思議的功能：洗滌心靈、刷除憎恨……，並且能施予或搏得亦爲傷痛者的同情。

又，「基督的淚水」在此間能被提起，更是顯得非凡。可要記得！基督曾教示著：你、我要爲自己，也爲自己的兒女哀哭。

爲什麼？因爲祂可憐你、我正活在這近乎麻木不仁與彎曲悖謬的世代。祂恨不得世人能哀痛自己的生不逢時，而要能及時醒悟警覺，免得和那祇顧尋歡作樂、貪得無厭之人的下場一樣：瀆罪、沈淪，接受靈魂永死的判決。

而論到傷心流淚，也教人聯想到紀伯倫曾提及基督的父神——耶威（YHWH，又作YAHWEH，意指：自有永有者），一直對憂傷之心的一個期待。有如猶太舊約時期的一位作詩者大衛的感觸之言：

神所要的祭，就是憂傷的靈。神啊，憂傷痛悔的心，你必不輕看。

《聖經》‧詩篇五十一：17

總而言之，從上述的引申、聯想中可知：「哀」在紀伯倫的眼裡，不僅是出示一個人內心的沈痛、憂苦，它更可出人意表的呈現歡悅的一面，而讓人的心靈有煥然一新的改變與昇華。你同意嗎？

二、宮城音彌剖「哀」

（一）悲哀中，仍要生活

宮城音彌是日本當代有名的思想家兼作家之一，曾有《人性剖析》的著述和出版，而頗引起時人的矚目。

以下，我們想來看看他是如何詮析「哀」在人的情感意識中的表現。他說：

這種情緒，常伴隨著無能的意識：落第之後，常覺人生無聊；被所愛者背叛，常覺得厭煩；破產，導致工作意志的喪失。這些都是悲哀。

悲哀被稱為「價值喪失」，便是如此。……一般說來，大人縱使生病，痛苦也不會悲哀；但因不注意健康而生病，那便要悲哀了。這是後悔過去沒好好保養。……

的確，在所愛的人死而不能復生時，會悲哀；被所愛的人背棄，不能贏回她的心時，會悲哀。不過，沙特說，「無能為力」似乎是一種藉口。跟喜悅一樣，悲哀也是一種目的行為。我們當然不能使死去的人復甦；但是，祇要打起精神，便還能活動。所愛的人雖死，自己應做的工作不會改變，應見的人也不變。祇是，因生活發生變化，必須考慮如何重新安排。

經濟上破產的人，依然要見親戚；祇是，過去是坐自己的汽車去，現在卻要搭公共汽車。

不能重新安排生活的人，便不能奮力去面對現實；祇有逃到染著「悲哀」一色的單調世界裡去。

又表示：

悲哀，就像事業失敗或戀人背棄一樣，是指某一體驗結果所產生的反應。憂鬱則是指：跟事件無關而產生的心情或氣氛。雖然覺得「那件事很可悲」，但憂鬱卻沒有確定的對象。

在憂鬱狀態中，人們有時會由於一些細小的事情或想法而傷心，以悲哀為媒介而潸然淚下；但是，又不像悲哀那麼急促，所以，不致哭喊。這可用生病發燒與身體情況不好之間的差異來作類比：發燒相當於悲哀，身體欠佳則相當於那憂鬱。

就像由疾病而發燒，由發燒而身體不適的過程那樣，悲哀之後，有時會接著產生憂鬱的心情。……憂鬱就是一種「我完了」的感覺，是失敗的感覺。

《人性剖析》；摘引自前揭書，頁583

（二）留意哀傷的負面發展

在以上援引的文句裡，不知你是否看出：宮城音彌的悲哀論，跟前述紀伯倫的有它們頗大的差別？

這不同的地方，應是在於：紀伯倫發現了悲哀或哀愁的另一面向——歡樂，以及當事者能在悲哀之中，找到調整自己（有如：謙恭、善良，與人親近）跟建立與他人的關係的機會（有如：有人前來關切、親近……）。

而宮城音彌的見解，看來是比較負面的了。因為，他雖提到一個會陷入悲哀情境的，可能是一個正面臨不如意情事的人——這些情事，包括：或考場失意、情場失敗、經濟破產、工作意志失喪、身體不健康而致罹病，或親愛的過世……等——而且也指出，這種人誠然有重新安排自己生活步調的必要；但是，他卻注意到：一個悲哀、傷痛者的心緒，很可能會認定自己已是徹底挫敗了。因而，會有罹患上憂鬱或悒鬱……等病症的心理機轉。

實情難道是如此？如果你、我能夠用心觀察，想必，這樣的一種推測或聯想，應不是不可能。畢竟，看看你、我周遭的社會，感

受一下我們個人自己的生存壓力，也多多觀想我們心中的喜樂是多了些？還是哀悲的事又多了點？……這類的答案，想想，也是不言而喻。

祇是，不論是在悲哀、哀傷、哀痛中，或者是在歡樂、快樂、喜悅裡，人總要記住：這時候，人的情緒，即你、我的哀樂感受，則多是激越的、狂放的。

此際，尤其針對哀傷的事，如往壞的方面設想，人心的哀愁、心靈的痛楚，便總是愈形加劇，教人難以超拔。不過，若能調換一個角度，冷靜一下自己的心智，並改往好的方面想，你說：一個人內心的悲哀、心中的苦悶，難道就沒有漸次消解的一刻？

總之，宮城音彌的哀論，已提醒你、我有關悲哀與鬱悶有形成姻親的可能。相信這一悲哀情感的免疫針劑，有助你、我於面對哀傷情境時，可快速通過考驗，並在調整失意喪志的心情後，能儘早開拔出發。

「樂」的迸射

樂在心中，自然有笑顏在臉上。有快樂的心靈，便有快樂的人生。

自古以來，人多把樂事當成人生幸福的顯示。至少，有人甚至認為：即使能有一刹那享受生命的喜悅，那也將是人生最大的樂事。

以下，我們則想來看看羅家倫與羅曼·羅蘭這兩羅如何編織他們人生的「樂」的樂章。

一、羅家倫說「樂」

(一) 快樂莫不出於痛苦的掙扎

羅家倫是中國現代的思想家之一，曾著有《新人生觀》一書；書中並載述了他對「樂」事或快樂的看法。

以下，且來談談他到底是怎麼說「樂」的：

> 真正的快樂，不是天上掉下來的，而是從掙扎中產生的。在掙扎的過程中，自然有痛苦，卻也有快樂；等到成功以後，則甜蜜的回憶，更是最大的快樂。

> 好比爬山，山坡陡險，山路崎嶇，喘氣流汗，費盡氣力；但等爬到山頂，放眼四顧，那時的快樂，絕非從飛機上用降落傘下來的人所能領略的。……

> 強者接受生命，生命自然伴著痛苦；但痛苦乃是快樂的母親，是黎明以前的黑暗。生命的奇葩，民族的光明，都從這痛苦中產生。所以，強者不求現成的享樂，而是承認痛苦、接受痛苦，歡樂的接受痛苦，要從痛苦中尋求快樂，產生快樂。

> 人生固然要快樂，但安穩的快樂，不但沒有，而且是不值得享受的。

《新人生觀》：摘引自前揭書，頁576

在上述羅家倫這種談「樂」的觀點上，我們似乎可以看到快樂與痛苦的關聯，雖然快樂並不同於痛苦。在上文的解讀中，好像還能得到這樣的一種感觸：真正的快樂，是來自於在快樂以前所必須付出的代價——掙扎。

既然談到掙扎，就免不了要有汗水的流出；甚至要通過種種的難關、各樣的挑戰。有如：文中所形容的「爬山」的辛苦，也如文中以「黑暗」來作譬喻。

　　快樂難道是這麼難以獲得？而不是輕易即可倖至之物？要「承認痛苦，……歡樂的接受痛苦，要從痛苦中尋求快樂，產生快樂。」是羅家倫對「樂」所作很人性化，又很衝創化的詮釋。

　　這樣，你（妳）認為：對一個人來說，快樂的獲得或快樂的擁有，如以羅家倫的觀點來看，它豈是容易的？答案，自然已再清楚不過。

（二）快樂可比於幸福？

　　透過上文和文意的理解，我們認為，與之論調類似，而且又有頗神似的筆觸的是：同為中國現代的思想家兼文學作家之一，梁實秋的快樂人生觀的品述。像他就這樣寫著：

> 快樂是在心裡，不假外求。……沒有苦痛，便是幸福；再進一步看，沒有苦痛在先，便沒有幸福在後。……
>
> 有時候，祇要把心胸敞開，快樂也會逼人而來。這個世界，這個人生，有其醜惡的一面，也有其光明的一面。……我們應該快樂。

　　　　《梁實秋散文・雅舍小品四集・快樂》：摘引自前揭書，頁577

　　如果能作一種的排比及解說，則一者，羅家倫談痛苦與快樂，將之比擬於黑暗與黎明，我們就要這麼說：梁實秋係將它較比作醜惡與光明。二者，痛苦與快樂的依存關係，對他們兩位來講，應即是一樣在先、另一樣墊後；或者說，前者是必經的過程，而後者才是必然的一個結果。

再者，談到兩人的小小差異，如果我們的看法沒錯；那麼，梁實秋的論調有別有見地的地方，應是：他不僅僅把快樂當成是和痛苦或苦痛相對立的那種快樂，而且更將快樂視作是「我們應該」追求的——即隸屬光明那一面的「幸福」。

　　作這樣的詮解，你（妳）會認同嗎？

二、羅曼‧羅蘭談「樂」

（一）歡樂來自於創造

　　羅曼‧羅蘭（Romain Rolland, 1866-1944）是當代法國有名的小說家兼戲劇作家之一；一生深受德國文學的影響，以及尤其受到俄羅斯作家兼社會哲學思想家托爾斯泰（L. Tolstoy, 1828-1910）的人道主義與和平主義的啟蒙，而有不少關於人物、和平文學……等的寫作和創獲。在1915年，就曾經得過諾貝爾文學獎。

　　以下，且來看看他對「樂」的品述與見解。他說：

　　通過痛苦，得到歡樂。

　　歡樂，如醉如狂的歡樂，好比一顆太陽照耀著一切現在的與未來的成就，創造的歡樂，神明的歡樂！

　　唯有創造，才是歡樂。唯有創造的生靈，才是生靈。其餘的，盡是與生命無關而在地上飄浮的影子。

　　人生所有的歡樂，是創造的歡樂：愛情、天才、行動——全靠創造這一團烈火迸射出來的。

　　又表示：

　　祇有努力去減少別人的痛苦，你才會快活。

　　創造！創造！創造！在羅曼・羅蘭的眼裡、筆觸中，你將會看到攸關於「樂」這一個亮麗、生動，又有力的字語。

　　什麼是創造？就是帶有動力性、歡愉性，以及從無中生出有……等的那種創造。你應可將它比擬作神（明）的偉大作為，神的作為就是創造的作為；它創造出世間偉大的愛情、偉大的天才和偉大的行動。

　　沒有創造，便沒有偉大的作為，也沒有一切的歡樂。人間的歡樂，便是來自創造，來自有創造力的創造本身。

　　從這樣的認知，依據這種快樂的原則，你、我應如何去待人，又待己呢？他表示：努力去減少別人的痛苦。這便是：給予別人不苦痛的快樂，也是能夠增加別人的快樂的意思。

　　我們認為，這就是作為一個有創造的生靈的人的一項偉大作為——他能給予別人「愛」，給予別人歡樂。在這同時，你的快活，就是你已作過努力後的一個回報。

（二）如何做一個快活的人

　　在以上所作這般的解讀裡，似乎又可將思緒拉到人在知、情、意這三領域中得意的歡樂景象：

　　・在「知」的世界，一個有創意、有洞見、有爆發力的智者或天才，當是享受最高知性的快樂者；而欠缺創思動力的平庸者，他的人生，誠然是有如地上飄浮的影子，根本不曾有實質的存在生活、有真切的人生歡樂之可言。

　　・在「情」的世界，一個有情愛去愛人、有愛戀被回報的人，自是享用醇美愛情的高手；而缺乏真心誠意的愛情騙子，他的人生，委實有若水上浮萍，而全無定性的情愛生活與美妙的人生歡愉之可言。

・在「意」的世界，一個立志悲憫助人，並能給予歡樂的人，應無不是自得歡樂與快活的實踐家、行動家；而了無仁慈心懷的偽君子，他的人生，應像是一空中幽靈，是沒有一踏實的生活步履和樂趣之可言。

其實，這裡所出現兩方的濃烈對比：天才vs.平庸，愛情高手vs.愛情騙子，行動家vs.偽君子，不僅可見之於我們的社會，更會浮現在你、我每個人的心思行徑中。因此，要怎樣明智？要如何作創造的抉擇？它的決定權，就在於你了。

論「得」與「失」

一、人生必逢的一種遭遇

論到得與失，有人會這麼認為：得就是有，是好；有得或得的愈多，便愈好。反之，失就是少有，或者沒有了，那是不好；失去了或失去的愈多，便愈不好。實情是這樣嗎？

想來，或許也有人這麼認定：有得自有失啊！這是常理，也是人世間一種很自然的道理。譬如說，假如你（妳）想做某件事，你應該在事前就要作一些規劃，甚至作一些想像，以幫助你作周延的處理。這樣看來，在想像、在規劃，或者在準備的過程中，你自會付出時間、精神及必要的一切。

這時，你可以想一想：你正付出或正在失去的是什麼？豈不是那寶貴的時間、專注的精神，甚或必須擺脫一些其它的事務如：約會、出遊、看電影、打電腦，或要想另一件對你來講也算是一件有意義的事……等？當然，相對的，你的得或可能的擁有會是什麼？

難道不是你正在計畫、正在努力從事，或正要做好的那件事和完成那件事本身，所帶給你的一種成就和滿足？這便是有得就有失的道理。

對於這樣的一種得失觀，你認為對嗎？可以同意嗎？看來，會抱持這樣的一種見解的人，應該會是不少。因為我們假定：相信這種觀點的正常人，在現今的社會中，應該占了絕大的多數。而少部分的人，才一味的想要得、想要有，而根本不願以付出或以失去某些事物來作為回報的代價。

這是我們的假定；祇是，到底它距離今日的社會情況會有多遠？可能它就不是現在的我們所能夠處理與澄清。

在此，我們毋寧關注的是：假如得與失是你、我在現實人生中，所必不逃避的兩種選擇或兩種人生的觀點；那麼，問題便在於──大家應該怎樣來看待「得」？也來看待「失」？……

這也就是說，你、我應該對「得」與「失」的內容，即：如何去獲得、取得或得到某事物的手段（方法、過程）？以及在什麼情況下，能放手或面不改色的失喪前曾擁有的……？等有所注意和瞭解。

二、得、失的俗世內容

首先，來談談「得」與「失」的內容（會是什麼？）這個問題。

一般的說，人們談得與失，或涉說得與失的內容會是什麼？……這類問題，多半是由近及遠，從此處到彼處，或者由此岸到彼岸，由今生今世看到來生來世……這種考慮來著手。

如在這種思考角度下，你最先看到的「得」會是什麼呢？豈不是當下你（妳）正擁有的一切？這個「一切」，自是包括了：你的

個人生命、時間（歲數）、身分，甚至你在社會中所擁持的財富、名利、地位、權勢、人脈……等各式各樣有形的與無形的事物。

在這裡，如果有人要補充的說：還不只這一些，你看！我個人迄至目前經由努力所掙來的健康、愛情、人生抱負、未來生涯規劃，甚至，對某某人的關愛、被某某人所呵護……等，也都可算在我正擁有、我正獲得的事物清單上。對這樣的補充，相信大家都能接受，也都會認同。

相反的，如從前述這同樣的觀點來看，你認為：「失」又會是什麼？豈不是指在這些「得」的事物清單上某一行、某一件、某一項、某一事，或某一物……等的被刪除？

再問：得與失的內容，如果是逕指以上所述的東西；那麼，你是否會想到：人最優先要想得到，而最不想失去的會是什麼？再來，更可作這樣的自我測定：「我」最優先要得到，而最不想失去的會是什麼？

這個問題換成你來回答，請問：你的答案會是什麼？或可能是什麼？……

假如要我來答覆，坦白的說，前述「得」的清單上的絕大多數的項目，多應該是我所想要、渴望要得到而不願失去的東西。而精準的說，至少個人的生命、時間（歲數）、健康、愛情、財富，以及社會身分與地位……等，是我生存在此間、活在這個人的生活環境中所不可缺少的存在要件。

絕大多數人起碼能夠理解，並且認同這樣的基本的生活需求。想想：今日的你、我所正面臨的存在問題或生活問題，難道毫不碰觸到這樣的一個課題？

三、貪與不貪在一念之間

接著，我們來談談獲得或取得某種東西、某樣事物的手段問題。

說到手段，應該就是指：一個人獲有某一事物或某樣東西的過程。又，這樣的手段或過程，自又牽涉到一個人究竟是以「合法」？「合情」？「合理」？……的方式，抑是「不合法」？「不合情」？「不合理」？……的方式去取得。

舉例來說，由於今日社會變遷的快速，包括社會素質、經濟、結構、文化、資訊，乃至價值觀……等各方面的轉變，多已達到令人難以喘息的地步；致使深受其影響下的現代人的處世、應世態度，顯然多已不同於往昔那樣給人以素樸、平易、單純、憨直，甚至知足……等的普遍印象。換來的，則多是予人圓滑、機巧、複雜、忙亂、牢騷、暴戾，甚至貪得無厭……的感覺。

一般情勢為什麼會變成這個樣子？時代的變遷，社會的變動，難道非往這樣的方向轉變不可？想必，這應是有識之士、有心之人，甚至有關單位日夜牽腸掛肚、煩惱盈心的偌大難題。

就在這樣的環境氣氛中，可以想見：它正逐步、逐漸「模鑄」出多少祇會好吃懶做、不務正業，甚至見獵心喜，貪得無厭的社會敗類。那些以偷、用搶、施暴、恐嚇、勒索、詐財、詐賭、放高利貸、騙色、販毒，甚或甘以自己身體作性交易的工具……等犯罪刑案，不也正在佐證：有人就是要用不正當手段，去獲取不當的暴利或美色……？

再問：今日的這些社會案件或社會問題，難道不能加以改善？不能逐漸銷聲匿跡？（諷刺的是：反而會有增無減？）……我們應可再深入的探問：這類的問題或事故，它所反映出來的事件或現象的癥結，究竟是在哪裡？……最後探問的結果，可能還是要追索到

人心到底是怎麼想？怎樣要？為什麼要這樣做、那樣做？……等這類的課題上。而終究的說，問題還是出在個人身上，個人內心的動念。

有了貪婪，起了貪心，動了貪念，便會有貪得的動作和不當得的貪物。相反的，一個祛除貪婪，不起貪心、不動貪念的人，他自不會有貪得的動作和不當得的貪物。

在這有與無、得與失之間，你、我可從何處獲取明智以研判箇中的真正的利與弊？好與壞？或者，可從一般的社會道德觀或行為判準來獲取嗎？不然，是否可經由學校的公民和倫理教育？抑是在現今的學校所推行的生命教育來獲致？……想來，可真令人憂心又困擾。

當然，我們誠然期望公民和倫理教育、生命教育，以及其它相關的生活教育……等，能實質發揮它們應有的改善功能。不過，最重要的，還是當事人（包括：在校園中仍在讀書求學的莘莘學子，以及在社會工作或服務的年輕朋友……）要多能從自己個人生活的體驗與對生命作根本的尊重上，來擷取如何面對那些關於有與無、得與失……等對比激烈的人間價值或事物的生命智慧。

有古諺這樣說：「滿了一把，得享安靜；強如滿了兩把，勞碌捕風。」這就是一種攸關你、我對得與失，或有與無……等應如何取得一種心靈的澄明與行事判斷力的生命智慧。為什麼？我們且來作一詮析，便可分曉。

你可想想：「滿了一把」，跟「滿了兩把」這兩者之間，究竟有何差別？當然，差別很大。因為，滿了一把跟滿了兩把相比，結果並不難知：它是少了一把。這對一般人來講，要是他總是想要有，要能擁有，而且要得到多又多；所以，滿了兩把當比滿了一把，更能擄獲他的心。為此，自然他就必須付出一倍於滿了一把的

努力和心力。

　　不過，這句古諺到底是怎麼說的呢？它表示：滿了一把的，他的內心能享受安靜。這也就是指，儘管他少得，得的少，體力、精神與時間又沒有太多的透支與損失；當然，他就比較容易獲得內心的安穩與平靜。

　　而相反的，那滿了兩把的，又怎麼樣呢？有話說他是：勞碌捕風。為什麼會這樣？想必，是他自不量力，好高騖遠；野心過大，想做他根本不能做到的事。

　　因為，要想能夠滿了兩把，勢必就要花上比獲得一把，滿了一把所需的時間、體力、精神和其它必要條件多出一倍的付出。而這樣的情況，往往可能就超出了他個人力所能及的範圍。結果呢？可想而知：要不是功敗垂成；不然，就是一事無成，一敗塗地。所謂「勞碌捕風」的寓意，便是指著這個情形。

　　從上述對比的事例裡，我們應可得出這樣的一個生活啟示：人一切的努力，總要量力而為。凡是自己不該得的或者不應得的，不要貪取比較好。因為，就算你能僥倖得到，或幸運獲得了；那則難保有一天，它不會從你眼前就這樣眼睜睜的溜失了去。

　　再不然，有朝一日，可能因為當初你竭盡心力、心機的獲得，原是一種取之無道、有違法犯紀的取得；到那時，由於已東窗事發，結局可就要非常的淒慘。

四、失與不失的生活秘訣

　　最後，我們要來談談：在什麼情況下，一個人能放手或面不改色的失喪前曾擁有的？

　　針對這樣的一個問題，想必，應可假設他正處在某種的情境，因而就可作出這樣的一種決定。

假設一：

有個富人現正遭受病魔的打擊，而奄奄一息躺在床榻上；並且在這時候，他也知道自己的來日恐怕已不多了。你說：他還能有什麼樣的作爲？他豈能一直抓住身邊堆積如山的財富？豈能不放下他個人所經營的龐大企業王國？豈能一直戀棧他自年輕時代以來，倚靠雙手打拼所鑄造成的權位和名利世界？……

這個人到生命行將結束之前的最後演變情況，不用再說。想必你、我都會有一個答案：他祇得認命地雙手一攤，撒手人寰。

這，正如他是赤手空拳的來到這個世界，到了最後，還是雙手空空、不帶分文的離開這個世界。所謂「生不帶來，死不帶去。」的諺語，正是指這個意思。

想到這裡，真的就要說了：人生真的有什麼好拼命去爭執、用命去爭奪的？就算有人不甘心這樣平白丟下自己先前努力所賺來的一切，那他又能怎樣呢？這時，他儘管可以呼天搶地，極力嘶吼抗爭，也是無濟於事。因爲，鐵的事實已擺在眼前：人都要面對自己的結束。你、我都是人，當然，也都非接受這個命運不可。

假設二：

有個宗教信徒，他平日都盡心努力遵守信仰的道理而行。當然，在他個人的人生經驗裡，他也知道：追求個人生命永恆的福祉，是他投入信仰此一爭戰世界的唯一目標。

因此，他在平日的待人接物上，都很謹守分寸，並努力以愛和真誠去建立自己。就算對於身外世界事物的掙求，他也能秉道而行；也就是凡事力求中庸，不妄自菲薄，也不高估自己。至於對世上的名利、得失，早因爲個人信仰的關係，而看得自然、平淡。

你想：一旦他也遭逢一般自然人的境遇，即不久行將離開人世，他的內心會有何感想？會去戀執他之前在世俗世界所奮鬥過的

一切？或者會奢求在世上的歲數能多增加一刻，好去完成他未了的心願？……

再想想：如果他平日堅貞的信仰已對他這個人作了徹底的改變；這時，你可否因此能來揣測他心中到底在想什麼？或許你、我可能並不知道：他就是要想儘早離開這個「平生的年日又少又苦」的塵世世界。因此，在這裡說他「能放手或面不改色的失喪前曾擁有的」，也未免平淡了些。……

所以，總括以上所述，對於什麼是得？應得的？該當得的？什麼是失？應失的？該當失的？……等這類頗困擾人的問題，在所謂的自然人（一般人）和信仰者之間，可就產生不同的，甚至是兩極化的觀點。

因為，在一方看來是值得的、當得的，非得到不可的；在另一方來講，可能就會把它當成是平淡無奇，沒什麼好去掙得的。就算是要很阿莎力地讓它溜失、失喪，也不足為惜。反之，情形也是如此。

是以，說到這裡，談到這種情況，不知能耐心讀到這裡的讀者諸君，已然能「獲得」怎麼樣的得、失的生活秘訣和生命智慧？對於我們這樣的一種提問，可望它能在大家於往後的人生追求中，獲致一個比較關乎己、又明確的答案。

認知評量表：問題vs.回應

1. 三毛雖已不幸離世，不過，在她謳歌生命的堅韌與成熟時期，那時的三毛究竟是怎樣在讚頌生命的？想聽聽你（妳）的見解？

2. 當代法國的生命思想家柏格森如何以意識去詮解生命？又，他所提的生命衝力論，是否神似古希臘的哲人亞里斯多德所提出的萬有俱存內在目的（性）的學理主張？何故？

3. 請談談亞里斯多德對「第一不動原動者」的看法。如果可能，也請比較猶太和基督教的神造萬有──如：「我們生活、動作、存留，都在乎祂。」（徒十七：28）──而萬有「都是本於祂、依靠祂、歸於祂，……榮耀歸給祂。」（羅十一：36）的這種論調，之與亞里斯多德的「神」觀的異同。

4. 西班牙裔的美國思想家桑塔雅納如何高唱老人「至上」的思想？請從他對年輕之不同於年老或老年的差異談起。

5. 英國的文豪莎士比亞如何吟唱青春歌謠？從他的青春頌中，你體會到了什麼？

6. 莎士比亞如何談老或衰老？你又有何看法？

7. 從德國的思想家湯瑪斯·曼的「病」觀中，你是否能認同：人的生命本身，就潛伏有病態的徵兆？為什麼？

8. 當代丹麥的宗教心理學家兼存在思想家祁克果，如何界說人的存在本身就是「罪」？又，如果可能，也請談談罪與人的絕望、憂懼（憂愁、不安、恐懼……）……等的內在關聯？或可能的關係？

9. 祁克果如何論信仰？以及信仰在協助一個人於面對所謂的「死病」上它能夠扮演的角色？

10. 當代奧地利的心理學家兼精神分析的創始人佛洛伊德，如何看死

（亡）這個事件？又，如果可能，也請談談他對「我」的見解。

11.你認爲：佛洛伊德的言論中所提到的「不死」「不衰亡」，究竟係在指謂著什麼？請說出你自己的心得或感想。

12.從生死、死生的角度來說，你對倡導生死、輪迴的古印度教（古婆羅門教）的宗教思想瞭解有多少？如果可能，也請比較它與後來的佛教，即原本倡導無神論（按：無位格神創世、造世的理論）的佛教其爾後所出現的一個宗派，有如大乘佛教所倡言的輪迴說，到底有何異同？

13.當代奧地利的語言哲學思想家維根斯坦，如何論述世界？死亡？也請談談你個人對他的觀點的批評。

14.你認爲：當代法國的無神論存在主義者沙特的死亡觀，是否類似前述的維根斯坦的死亡論？何故？願聽聽你的比較之意見。

14.人的思想與語言表述上的否定死亡，跟人的實際生命的走向衰微、趨近死亡（按：意指生命本身，即肯定了死亡），這兩方是否頗具有弔詭性的衝突與矛盾？在你看來，情況爲什麼會這樣？願聽聽你個人的分析。

15.彼得，這位耶穌生前在世傳道的一位愛徒，曾經指出：「神的神能，已將一切關乎生命和……的事賜給我們，皆因我們認識那用自己榮耀和美德召我們的主。」（彼後一：3）。就你的看法，你認爲：人對生命一切問題的探索及企圖去理解，非得要有第三者，有如彼得所提到的「神」或「神能」的介入，才能夠眞正掌握箇中的深秘？不然，又當如何？願聽聽你的高見。

16.維根斯坦保留有玄秘世界的存在可能性，而我國古代的老子，也曾認定「道」是「萬物之奧」的所在。準此，你認爲：在人的世界之外，是否還存在一個或多個人所未能徹知的世界？

17.你認爲：維根斯坦的死亡觀，是否很神似古希臘的伊比鳩魯這位

哲人的論點？請在比較後作一回答。

18.你認爲：人的悲、喜是交集的嗎？可舉一實例，來支持你個人的論點。

19.近代英國的法學家、政治學家兼哲學思想家培根，如何提（破）四蔽論？究竟是哪四蔽？

20.請談談培根如何看待學習與（追求）知識的喜樂？

21.請說出你個人對眞實的快樂與虛假的快樂不同性質的瞭解。

22.你認爲：沈思就是一種美嗎？不然，爲什麼許多人（尤其，一些宗教教派的信徒，以及哲學思想家，或其它……）多喜歡沈思？難道它會帶給人們一種的快樂或歡悅？願聽聽你的體會之見。

23.請談談中古時代天主教新士林哲學家湯瑪斯・亞奎那，如何區分人間快樂的等級？至於你，你是比較喜歡哪一種類型的快樂（喜樂）？

24.近代英國的哲學家霍布斯的喜悅觀爲何？

25.在你看來，如從比較的觀點而論，霍布斯的喜悅觀究竟是如何不同於前述湯瑪斯・亞奎那的觀點？

26.你經常高興嗎？或者常常意識到自己是有「身在福中」的感覺？請細數你個人的體驗。

27.在你經常遇事稍有不順時，心中就塡滿怒氣而想找人、找事發洩嗎？又，對你這樣的個性或脾氣，你認爲：它有否改善的可能？如果可能，你會尋求哪一種途徑？或哪一種方式來協助你作趨往美、善方向的改變？

28.世上有許多的宗教，儘管它們有各自的教義和主張；不過，勸人爲善，要人惜福、愛人，多可視爲是它們的共識或共法。在這個情況下，可否談談一、兩個宗教或宗派的教人息怒、止憤觀？

29.近代英國的經驗主義者兼政治思想家洛克，他是如何解析世界有

形事物的性質的？

30.洛克如何談論人的怒氣或憤怒？你是否心有戚戚焉的同感？

31.洛克與笛卡兒的怒觀是有何差異？願聽聽你個人的意見。

32.日本的思想家三木青，如何從生理、神經學的角度，談述人的怒氣和它的對治之道？

33.就你的經驗，時間是否具有療傷止痛或止怒的功效？

34.就今日社會刑案的個例來看，很多兇殺案件就是發生在人的動怒而動粗，以致殺人……這樣的演變上。就你的看法，憤怒為什麼會糾纏在人心中的不快、挫折或失去自尊……等這樣的心緒情結上？是否有改變或改善的空間？可嘗試回答。

35.假設你是一位心理輔導專家或精神科的心理醫師，當你面對一個因與人結怨以致無法平息他心中的怒氣，而導致心緒失控，甚至有想殺人的動念時：你會提供怎樣的輔導和建議？請仔細思考之後，才作回答。

36.你認為：在人生中最悲哀的事是哪些？可舉數例說明。

37.當代黎巴嫩和美國的作家紀伯倫，如何談哀與樂的關聯性？你認為：他的觀點是否可被接受？為什麼？

38.當你上電影院看到感人肺腑的劇情時，你的情感、心緒和意識是否會隨之澎湃不已？這時，你曾否反躬自問：我怎麼了？我這個人的情感怎麼這樣的脆弱？不然，我還是一個有良知、有理性、有道德判斷，以及有……的一個人？

39.有話說：「神所要的祭，就是憂傷的靈。」在你看來，你是否是一個有憂傷、懺痛心靈的人？再者，當你心靈極度哀傷之時，你會否嘗試祈求上蒼（天、神）來撫慰你的痛苦與無助？為什麼？

40.請談談日本當代有名的作家之一宮城音彌的哀苦觀。如果可能，也請試著評論他的觀點。

41. 有人說抑鬱成疾，這不是沒有道理。但是，傷心過度，也有可能導致心神的失序；甚至，產生精神官能性的病症。對這樣的一種看法，你能接受嗎？何故？

42. 古人有云：「人生有三大樂事。」是哪三大？你知道嗎？

43. 請談談中國現代的思想家之一羅家倫對樂的看法。

44. 你認爲：快樂和痛苦是對立的嗎？還是有內在的關聯？請以事例輔助說明。

45. 有人說：幸福並不等於快樂；而人的幸福，卻掌握在自己手中。請問：你對幸福瞭解有多久？是否可嘗試加以描繪一番？

46. 你對中國現代的文學大師之一梁實秋瞭解有多少？可否順便談談他的快樂觀？

47. 當代法國的小說家兼戲劇作家羅曼‧羅蘭如何談歡樂？如有可能，也請評論一下他的觀點。

48. 佛教稱：現世是一個堪忍的世界。印度教認爲：有形世界即是一個幻相（Maya；Illusion）的世界。而基督教並不否認：這個世界可稱得上是一個虛空的世界……。儘管不同的宗教，對這個世界每每會有不同的詮釋；不過，在你看來，人是否可以努力成爲一個讓自己快活的人？何故？

49. 有人認爲：讀書是一種享受；因爲，它可以滿足自己的求知欲與提供個人知性上的饗宴。在你看來，這樣的說法是否有理？不然，你又有何高見？

50. 你能否說明：什麼是眞正的愛情？又，什麼是虛情假意？

51. 有人常說：「情人眼裡出西施。」又有話這樣表示：「某某人已被愛情沖昏了頭。」你認爲：這兩段的主角或當事人，當他（她）處在情海波濤中時，他能否眞正辨明情愛的性質與他愛戀的歸處？答案如果是否定的，那麼，對所可能發生的後果，你認爲會

有哪幾種？請詳細說明。

52.在這人心不古、生活又極競爭的社會，你認為：我們是否還能找到懷有古道熱腸或有悲天憫人的情懷的人？為什麼？

53.聽別人常說：人多有患得患失的心理；對此，你又有何看法？請詳細說明。

54.請就你自己所知，一個人在這世上真正能得到是什麼？又，也會失去的是什麼？

55.經常聽人這樣說：你要好好善用自己的時間，不要浪費你的時間唷！在此，請問：時間是否可稱為人所「擁有」的某種東西？不然，又應作何解？

56.有話這樣說道：就算你賺得了全世界而賠上自己的生命，這又有何益處？請問：箇中的得、失之道，你瞭解有多少？

57.請就健康、愛情、財富、親情、生活、事業、家庭與信仰……等這幾項攸關人在世上生活的重要事項，排列出它們的優先秩序；並說明你為什麼會這樣作？

58.對事物或東西的取之有道，跟取之無道之間的分野在哪裡？請舉例說明之。

59.就你所瞭解，往昔我國社會的人心多帶有哪些特質？可舉實例說明。

59.可否談談你對今日社會諸般現象的瞭解；可從人心、經濟、文化、資訊和一般人的想法……的角度切入以作說明。

60.就你的觀察，到現在為止，現代的年輕人，尤其自高中生到大專生這一世代的青年，他們的心中多在想些什麼？或者，也可以這樣問說：他們對自己的未來，誠然是瞭解有多少？請儘量作一說明。

61.有人說：今日的社會問題，多出現在家庭（教育）的問題上；也

有人表示：最主要是出現在人心已出了問題上。就此，請問：你比較偏祖哪一方面的說法？

62. 有人談到社會價值的多元，又有人積極鼓吹道德價值的重整。在你看來，重整社會主要的道德價值是否有其可能？不然，它的困難在何處？願聽聽你個人的意見。

63. 常言有云：知足常樂，是一個人重要的養生之道。就你看來，你會否服膺這種生活原則？為什麼？

64. 有人說：就是因為人有欲望，而期待欲望能夠滿足；因此，便有推進他（她）尋求更美好生活的事物和條件的動力。而這，便產生了社會的進步與繁榮。在你看來，這樣的一種論點，是否合乎邏輯的思考？不然，又應作何解？

65. 物質少有而內心平靜，跟多有物質而心寧擾攘不安；請問：在你的認知裡，這種二分法，可否應用在今日的社會人心中？何故？

66. 你認為：現今的人心之所趨為何？請就政治、經濟的事務之外而談論。

67. 在你的人生經歷裡，你曾否碰到量力而為和自不量力的生活情境？請舉事例輔助回答。

68. 在你看來，勤儉致富和白手起家的生活觀，是否可應用在現今年輕人的價值抉擇上？何故？

69. 近幾年來，國人死於各種癌症的疾病，有普遍增加的趨勢。在你看來，一個罹癌而即將臨終者，他人生最大的牽掛可能會是什麼？請仔細思考，可從多個角度來回答。

70. 什麼是安身立命之道？你知道否？在現今這個社會，你認為：它是否還有兜售的市場？為什麼？

71. 你能否同意地理解：信仰者每每把這個世界當成他信仰（信心）的戰場？就此，你會否評斷他心思行徑的「無知」？何故？

72.請談談耐心與清廉這兩字語所指涉的心靈現象，在得、失對奕中所可能扮演的角色和地位。

結　語

就生命教育的核心主題——生命，我們試圖從〈生命現象的覺察〉（第一章）、〈生命意義的詰問〉（第二章）、〈從認識自我生命到存在意義的開展〉（第三章），以及〈生活·生命拾穗〉（第四章）等四個角度，以解讀攸關你、我生命思想與生命意義的深層內蘊。

　　其中，我們曾涉理關聯此一生命論題的東、西方的人生哲學、宗教神學、醫學、心理學、文學、社會學、語言學和佛學……等可算是它周邊的思維暨學理性的主張。

　　而此間，最教筆者感到不吐不快，或者也可以說，最想藉此來提醒大家的是：你、我誠然都不應或忘，我們和其他任何人的情況完全一樣，大家都是生活在這一可稱作是「地球村」的佸小星球上——相較於整個太陽系、無數億銀河系中大小不一的星體來說。又，這可說是大家的共同命運，也是擁有生命諸般奇特現象與蘊義的你、我的一大驚奇。

　　說到「共同命運」，不用細究，想必大家多會曉得，那就是：你、我和其它每一個人，都是生於斯、長於斯、病於斯、老於斯和死於斯者。其中，當然是不乏充滿一些無知、訝異、驚悚、恐慌、焦慮、鬱悶、煩惱、悲哀、傷痛、困苦、愁煩、徬徨、迷惘、挫折、氣餒、失敗、寂寞、孤僻、失望、緊張、浮誇、自大、失意、絕望、沮喪、憤怒、狂傲、謗瀆、凶暴、鬥狠、放任、縱情、愛戀、期待、誠心、溫馴、柔和、謙讓、歡樂、幽默、希望、喜悅、睿智、活力、膽勇、精明、沉著，以及寄託……等各式各樣和程度不一的身、心活動暨其表現。

　　想想：光提到這裡，你、我對我們人類懷有這個有生命個體（按：其它動物也有，因而並不足為奇），而且還擁有他個人內在的欲望、思想的奔放、意識的指向、精神的活動和性靈的需求……等這些奇特的生命現象，難道不會因此就對你、我的生命本身，抱持

最高度的畏敬和讚頌？

再想想：自古至今人類文化的演進，其生存智慧的積累，適應大自然能力的漸次增加，以及努力開拓新的生活發展空間……等，這一切的一切，豈不是一而再、再而三地證明：人已不僅僅是一種環境的動物，而是升格成具有某種型態的智慧人了。

說明白一點，人就是一個智慧人，一個有智慧生命或生命智慧的人。因而，從這個升格角度，來看你、我這具有智慧在身的生命個體之在人世間的活動，你（妳）想：難道不能就此對他有所期許、有所要求？

這也就是說，如從逆向的思維觀點來談，人的生活在世，能夠對他有所期待、有所要求（按：在此，自然無法使用這個標準，去對待其它低等的生物和動物族群），這難道是太過於苛求？太過於不合乎事物情理？

想想：祇要你、我都能冷靜下來，都能用心去觀察、去比較、去類推某些生命現象；最後，想必大家都會得出這同樣的結論。

既然如此，接下來我們就應該來思考一下：能對人，也就是你、我要求什麼？期待什麼？其實，這個問題的提出者，就是我們大家，就是每一個人，就是你，就是我。

就此，這是因為你、我每個人都有某種的生命智慧；因而，每個人都有資格發問，都有必要對自己提出最攸關自己生命福祉的一切問題的意思。……

最起碼的說，就是要求你、我對自己個人生命的敬重。

而，什麼叫敬重？從消極面來講，便是：不隨意浪擲生命所擁有的時光，不隨意糟蹋生命本身的存在與發展的權益。這也就是意指：不在個人挫敗、失意或徹底絕望無助之際，貿然的尋求自我了斷、結束自己的生命；而從積極面來講，便是努力尋索生命可能發

展的良性空間，甚而積極規劃去獲取個人未來生命的永恆福祉。

　　特別是後者，我們從人類歷史上，不管東、西方，不論各時代，乃多有為己身而持己、為己心而修心養性的明覺者或明哲之人的出現，便可得到一個明證。因為，儘管人世渾渾噩噩，人心又詭譎多變，但這並未阻撓那些有心於拓展自我真實生命之人的生存意志，也無法打擊那些積極探求攸關個人永恆福祉之人的生命新希望。

　　在西洋中古時代，傳聞當初有不少篤信真神的基督信徒，即在羅馬帝國推行逼迫宗教的普世教難下，被殺的殺、被刀鋸的鋸、被獸吞的吞、被火焚的焚……，那種為信仰而殉道的堅貞鬥志，你想：它刻在證明什麼呢？難道不是不畏懼俗世短暫的邪佞威權，而從心底「歡樂」迎納那恆存永世的福樂靈命？這也是人類，即擁有智慧生命或生命智慧之人的生命的一種表現。

　　隨著時、空的嬗遞，人世滄桑的演變，曾幾何時，那種暴虐式摧殘人類生命希望的方式，也多在歷代、歷次的戰爭期間及其後陸續發生。最顯著的事是：在第一次世界大戰期間，有數百萬猶太人死於納粹集中營的毒殺；以及自二次大戰後，仍有不少人依然身陷極權獨裁國家的迫害人權、壓制信仰自由的淫威之下。而這，也顯示出不同人、不同人性表現之人的相異的生命態度和表現。

　　你想：你會是哪一類型的人呢？是極力照護生命那一類的？抑是站在蔑視生命、賤視生命那一類的？……

　　由以上的事例及簡述中，想必，大家都已看出：你、我的生命，誠然是充滿著秘思，洋溢著太多的蘊義與神奇。想想：實情難道不是這樣嗎？

　　誠盼由拙文俱足情、理、義的爬梳，輔以人性生命的各種經驗與體會；尤其，那些在人生道途上孜孜不倦於尋繹生命真相之人的

披荊斬棘、開疆闢土，他們各人對人的生、老、病、死、喜、怒、哀、樂、得與失……等的深摯感悟，有助於你、我，甚至其他每個人於奮往自己嶄新的未來、簇新的生命世界，能遽下一個穩健、又有定力的美好抉擇。

附　錄

時間與救贖

從基督宗教思想與中國儒家、道家哲學的對話談起

前　言

　　基督宗教思想是涵指：發源自中東猶太地區今以色列國家，而後逐漸向它周圍擴散並遍布歐、亞、非、澳……等地域的耶穌教的思想。雖然基督宗教有其自身發展的歷史¹，我們則寧願以它早期（原始）的教會思想型態做論述的主軸。

　　至於攸關此一思想主軸的課題，有如：有關時間、救贖的討論，因為將涉及新約基督教思想的形成暨其主要預設的釐清，我們勢必探討所謂的舊約《聖經》的重要主張。而這，自是涵蓋了傳統猶太教的教理思維。

　　當然，為了本文之所需，我們也會涉理猶太教與基督宗教的核心論題彌賽亞事件。主因是，後者係拙文之論述「時間與救贖」此一關聯人世歷史演進的重要關鍵。

　　而談到中國的儒家與道家哲學，我們自是指涉先秦時代的原始儒家（古典儒家）和原始道家哲學。前者，主要的代表人物有孔子（551-479B.C.）、孟子（ca. 371-289B.C.）和荀子（ca. 313-238B.C.）；而後者，重要的代表人物是老子（ca. 580- 480B.C.／ca. 571 - 476B.C.）和莊子（ca. 350 - 270 B.C.／ca. 369 - 286B.C.）。

　　由於本文試圖處理的是宗教（基督宗教）與哲學（中國儒家、道家哲學）彼此對遇的問題，因此，我們抱持的基本觀點是：自始

即認定基督宗教思想，是一種涉及天（真神）、地、人等諸領域之探討的啟示宗教（超自然宗教、超本性宗教）的思想型態。

而中國的儒家和道家哲學，雖然也分別論及了天、地、人三大界域的一切，但是，因為它們各有所指，也不斷扣緊人的本性（知性、理性、德性或悟性）之思維；為此，我們寧指它們都僅是一種具有自然（本性）哲學義的擬宗教型態或自然神學的型態。

後者，如果能從當代丹麥的存在哲學思想家祁克果（S Kierkegaard，1813-1855）的觀點來論判，則當隸屬於所謂的「宗教（心）A」的思想型態。[2]

從以上粗略的解說裡，應已不難看出本文將採取的論點：企圖顯示基督宗教思想之與中國儒、道二家哲學的不同關鍵，係在於——一者，具有天啟性、超本性的宗教思維暨末世學的特性；另一者，則秉具人的本性、自性、知性或悟性……等的哲學思維。

至於談到雙方是否有其內在的關聯？或有會通的可能？想必，我們僅能從「形上思維的指涉暨建構」之角度來涉說，即論述：它們雙方確都具有形上思維的指涉的特質；而這，當是雙方有其內在的關聯之明證。

至於論到它們之間是否有其會通的可能？我們很想要說的是：依據祁克果的論述，即宗教（心）A可提昇到宗教（心）B的層次[3]，我們自可如此的指明，即中國的儒、道兩家的哲學思想，尤其在它們的形上思維之指涉（按：一者為天，另一者則是道）方面，應可和基督宗教思想所闡示的至上神・耶威（YAHWEH；一作YHWH；按：自有永有者）的思想相會通。

因此，在上述這類的對比暨思考下，我們之涉論「時間與救贖」此一課題，便有它明晰的內涵：基督宗教思想的時間與救贖觀，係極具超世性、未來性和寓意性的，而中國的儒、道兩家哲學，則僅

具有現世性、淑世性和欠缺末世學的意涵。何故？下文將見分曉。

　　以下，爲便於呈現本文的主要論點，將分成三個部分來舖陳：第一、首先析論基督宗教思想與中國儒家、道家哲學雙方的形上思維之指涉和建構。第二、詮明上述兩方在時間與救贖觀上所抱持的見解。第三闡述人之擁具時間與救贖意識，在當今人類俗世活動上所開顯的重要意義和教示。

一、基督宗教思想與中國儒家、道家哲學的形上思維之指涉暨建構

（一）基督宗教思想方面

　　談到基督宗教思想中的形上思維之指涉暨其建構，我們則當知道，它係攸關傳統猶太教的宗教神學觀：肯認上主，即宇宙至上主神耶威（耶和華YAH-WEH）的永恆存在。

　　這位宇宙的至上主神，袖不僅是獨一不死的存有，而且也是一位能恩威並施、諱莫如深的造物主神[4]。像在猶太暨基督宗教的經典裡就說道：（眞），神是無始無終，自有永有；祂從亙古活到永遠。」[5]。「祂是我們世人永遠的活神。」[6]「信徒永在的父。」[7]，而且是充滿萬有、掌理一切的時間之主[8]。

　　祇是，不同於猶太教之教義的基督宗教思想，它對這位時間之主的理解是：做爲宇宙的主宰，眞神因爲眷愛世人（罪人），即早在創世之前，按照袖自定的救贖計畫，藉著降生成人的方式來拯救全人類。

　　這樣的一種救世計畫，其實，可說即是一件天啓的奧秘[9]；誠然是一般世俗人之以其世俗的心智所難以測度。想必，就連當今的猶太教信徒，乃至伊斯蘭教的信眾，也無以接受。不過，基督宗教的

信仰暨其神學思想，卻逕指：在西元第一世紀初道成肉身的這位神，便是彌賽亞—救主耶穌基督。

如從哲學形上學或宗教哲學的角度來審視，我們認為，基督教的這種形上思維之指涉暨建構，之把歷來人類思維的高峰指涉，如：古希臘哲學有謂「存有」（Parmenides語）、「善自體」（柏拉圖語）、「第一因」（亞里斯多德語），以及古中國哲學所逕稱的「天」（《書經》、孔子云）、「道」（《老子》、莊子云）……等這類終極實在，視為即可落實並具現於世人，包括你、我在內之面前的存在者，當可說是一種頗具弔詭性、困思性，乃至不可思議性的思維特質。

我們之所以指稱基督宗教的思維，頗具弔詭性和困思性，是因為它並不同於古印度婆羅門教的泛神論之思維：「我是梵」，「梵是我」或「梵我不二」[10]；也不像古代中國道家老子的泛到論之主張：「道」在世上各個角落，一切都充滿了「道」。

基督宗教思想還認為：基督耶穌是「不能看見之神的像，……在一切被造的以先。……萬有都是靠祂造的，……又是為祂造的。」[11]誠然，對基督宗教來講，（真）神無不是萬有的造化者和支配者；祂超然於萬有，也就居於萬有中（如：曾化身成為人子耶穌基督）。

無怪乎，前述的丹麥哲學家祁克果要說：基督（宗）教是一種困思性的宗教，或具有宗教（心）B之特質的宗教型態；亦即是一種主張世人必須憑著信心（Faith），始能接近真神的一種宗教。因為，它宣示：作為永恆者的神曾變為歷史者（基督）。這位歷史者既在「存在」之外，也在「存在」之內；因而，祂是世人信仰的唯一對象，而非理性所能認知的終極所對。[12]

（二） 中國儒家哲學方面

中國原始儒家在其形上思維之指涉和建構方面，我們認為：「天」，這作爲非物質義而極具自然神學義的「終極實在」，當可說是孔子和孟子二哲其人生思考的終極指涉。

祇是，論到荀子，他則有意以幾近「二神論」自然神學義的「天地」來稱述孔、孟二人的「天」，而一味發展他那力主人性爲惡而有待聖君以求治的俗世理論。

我們爲何要這麼說呢？理由如下：

首先，來談談孔子這位古中國先秦時代的哲人。孔子，他無不是一位敬天（真神）並愛人的淑世主義者、人道主義者兼社會人心的改革者。他不僅謙恭，有美德，而且更有高人的智慧。我們從他平日的言論裡自可得悉：對「天」此一人性並人生追尋的終極指涉的設定，當是孔子終日掛懷於心的精神的依歸。像他就曾說過：

「巍巍乎，唯天爲大。」[13]、

「天生德於予。」[14]

「獲罪於天，無所禱矣。」[15] 又說：

「天何言哉？四時行焉，百物生焉，天何言哉！」[16]

特別是後者，它可點出了這一「不語者」（筆者杜造），當是一切時、空的創化者。因爲，祂律定四時（春、夏、秋、冬），運行四時；並且創造諸樣條件，化生萬物。祇是，祂卻默默行事，並不自恃，也不自炫。

孔子的這種對「天」的體認暨感讚，可獲得了其思想的繼承者孟子的共鳴：這不語的「天」、無言的「天」，總是以行動上的表現「行」、「事」來彰顯祂的永在和權能[17]。

就因爲孟子不敢輕忽這一「至上者」的存在，遂而便有他那毗近宗教思維或信仰的言論：人要盡心、知性來知天，並且存心、養

性以事天[18]。孟子又說：人應當敬畏天，並且順服於天。原因是，唯有順天者存，逆天者亡[19]。

在此，孟子的「天」觀，幾乎可被斷然地形容成是他的自然神學觀。又，這個「天」（或：至上神），無不有祂的威榮和意旨：眷愛那些能認知自己的本分，畏懼天威，而且不時精進己心、己性之修養的人。當然，承前所述，孟子心目中的這個「天」，自也是萬有存在的根源，以及時、空存在的造化主。

至於荀子，如前所述，他係有意以「天地」並陳的方式，來稱述孔、孟言論中的「天」。像他就這樣的說：

「天地者，生之始也。」[20]

「天地者，生之本也。……無天地惡生？」[21]

當然，他也曾指稱「天」的存在；祇是，這一能夠生化萬物的「天」，卻有若當今那些抱持理神論（Deism）者的主張：神雖是創造世界的位格神，不過，祂卻不去干涉，不去支配萬有的一切，是不已的在自我運行，而不成為世人福、禍之所繫的終極對象[22]。

為此，我們要說：荀子的天（或者天地），極似一種虛設，並不構成人在世間一切活動的終極依託；更不至成為世人之關切時間究竟有何種蘊義的一個終極指涉或終極對象。

（三）中國道家哲學方面

談到在中國道家哲學的形上思維之指涉暨其建構，可以說，「道」便是它主要的預設。中國道家哲學的始祖老子，之所以會把「道」視為他哲學論思的一個核心和預設，我們認為，這應和他個人的人生閱歷有極密切的關聯：曾任職於周朝的藏室史。

想必，由於常閱覽古籍以及擁有他那超乎常人的體驗，老子終能混雜直觀、玄秘、自然、理性、經驗和修行……等的觀點，倚藉「正言若反」的表述語言，以託示萬有的本源——「道」——的永

存²³。

說到「道」，即老子經常談述的「道」，它可是「先天地生」的混成者。就因為「道」先天地而生，是世人所不曾睹見、不曾聽聞和不曾觸及的混成者，老子也用若干語詞來形容：逕稱「道」是「夷、希、微」（三一者）[24]；「道」是「大、逝、遠、反」[25]。又指出：「道」簡直就是萬物中的一個玄深者和奧妙者。[26]

在此，我們誠想指出的是：老子之涉論「道」，可是出自於他的本性、知性、理性，乃至悟性的發現。再者，由於他所論述的這個「道」，當係超乎人世間一切語言範疇的指涉[27]，而且還具有超越一切有限事物的各種美德[28]。顯然，他這樣的表呈「道」的獨特存在，可像極了我們此刻正在展述宗教哲學或宗教神學上的「終極實在」（如：上主、真神、耶穌……）的永恆存在。

其中，尤其值得注意和耐人尋味的是，它和猶太暨基督宗教神學所表述的上主耶威（耶和華YAHWEH）和祂的本性可極其相似：Y（夷）、H（希）、WH（微）。這位神YHWH，對基督徒來講（如前所述），祂既是宇宙的唯一主神，也是人類的歷史、時間的造化主宰。

對老子而言，「道」的本性難道不是這樣子嗎？像他就說：「道生一，一生二，二生三，三生萬物。」[29]這就足以證明「道」是萬有的原始。祇是，作為人類歷史、時間的主宰——即老子所談的「道」，自身卻有它的循環性；「道」也呈示其所創化的萬物秉有它們各自的循環性。[30]而這看來就不同於耶威神這自身既作為萬有的本源，也是規範萬有，並使萬有各遵循其存在規律以自行運行的終極實在（者）：有朝一日，祂卻要按自己的旨意去摧毀先前所創造的天地〔按：因為世人的犯罪，天地被牽連而成舊天就地〕[31]。至於得救的人，則要被接引至永不朽壞的「天國」。

爲此，顯然猶太暨基督宗教的這位主神，自可視爲所謂萬有其直線式時間歷史〔按：永恆（者）→暫時（世）→永恆〕的創造者、審判者兼救贖者。[32]

二、時間觀與救贖觀

（一） 在基督宗教與中國儒家哲學的對話方面

　　先前，我們已提過基督宗教思想與中國儒家哲學各自的本質是不同的：一是天啓宗教思想，另一是本性哲學。爲此，在這個區辨下，涉論它們雙方有關時間與救贖的觀點，自是有其歧異之處。

　　像在基督宗教思想這一方面，因爲它設定宇宙有一眞神的存在，而且萬有都是本於祂，依於祂，並且歸於祂；所以，談到時間與救贖這類課題，基督宗教的義理思想，自是指明：眞神（和）救主耶穌基督，即是萬有的起始、終結和一切受造之物的救贖根源。[33]

　　再者，就因爲耶穌基督是那位世人肉眼之不可見的宇宙眞神的顯現，人類的世俗歷史便有了中心及其意義。這裡的中心，即歷史中心，當是涵指：悠悠的人類有限歷史，由於有作爲「無限者暨永恆者」眞神的闖入，因而便給區隔出有所謂的救恩前期（舊約）與救恩時期（新約）這兩段人類歷史。

　　從《新約聖經》的觀點來看，凡是活在今時的人們，即你、我，當是有福的；原因是，我們都生活在眞神偉大的恩眷之中。爲此，有話便這麼說：

　　「……所以傳的話既是確定的，……我們若忽略這麼大的救恩，怎麼逃罪呢？這救恩起先是主（神）親自講的，後來是聽見的人給我們證實了。……」[34]

依此看來，基督宗教思想之強調眞神耶穌基督的救恩，自是有它末世學的深層意義：神在先前的世代雖曾任憑萬國各行其道[35]；也就是當世人蒙昧無知的時候，神並不監察，不過，「如今」卻吩咐各處的人們都要悔改。因爲，祂已定了日子，要藉著祂所設立的人，按公義去審判天下。[36]

這裡所提到的「如今」，當指：西元第一世紀耶穌基督在人世間所出現的那個時間。它也涵示：自第一世紀之後至今，即歷世、歷代的人之受到基督宗教這個人先要「悔改」，後求「重生」，以致得蒙「救贖」的恩典所範限的時程。[37]眞神所設立的「人」，便是指：「人子」耶穌基督。

至於論到基督宗教思想所明指的「救贖」，它是有兩層含義的。一是指：凡活著的人，若聽信「眞理」的道，也就是能夠叫他得救的福音；不僅信了基督，也接受合法的水洗（浸禮）和聖靈的洗，他在當下便得蒙「救贖」[38]。另一是指：凡是信主（耶穌）的人，在生前如果都能遵行神旨，（肉身）死後就必能復活，靈魂永遠不死；亦即終能與眞神永在，同享長遠不朽的福樂。[39]

·談到中國儒家哲學方面，它之對時間與救贖又抱有何種看法呢？首先，我們來看看之前的提示：「天」是孔、孟二哲學思的終極預設暨、指涉。在這樣的思考下，我們也說過，孔子心目中的「天」，自是涵指能使四時存在，得以使之運行，以及也使萬有得以生化不息的終極本源。

爲此，很可以說，對孔子而言，「天」則無不是人類所能瞭解的時間（按：即從四時、四季的規律變化而呈現）的創化者；而且，也是能賦予人類一切的德性，並且福禍世人、世物的「終極實在」本身。[40]

祇是，這裡的「福」字，並不意指：人類靈魂獲得永遠救贖的

至福，而是僅具現世道德意涵下的世福或生活上的福祉。何況，在孔子的言論裡，

尤其攸關「福（祉）」的報應「時間」，它可不富含有歷史中心點的意識。

頂多，我們祇能這樣的說，在世事的難料和變遷上，孔子所掛懷的僅是：要人多能夠溫故而知新。所謂「殷因於夏禮，所損益，可知也；周因於殷禮，所損益，可知也；其或繼同者，雖百世，可知也。」[41]這段文詞便呈示出：「過去導向式的時間意識」，確然構成了孔子的歷史時間觀的主軸。

當然，相較於活人之有死亡的時刻，孔子一向所看重的，乃是「生」（存在生命）的一切；特別要時人多加重視自己當下的聞道、得道（按：做人之道），而未敢去涉論那不可知見的死後世界之種種。[42]在此，或許已可看出孔子的經世和淑世的性格。

而孟子又如何呢？我們認為，在「天」這作為孟子要求時人宜由後天之盡心、知性、知「天」、存心、養性以「事天」的終極所對，儼然成為所追尋的道德上的「至高善」的對象，便足以佐證：對孟子而言，「天」是人類應尋求智性上的真知以及德性上的真善的完美實在。

儘管有人指稱孟子的性善說，乃深受道家老子的學說的影響[43]；不過，我們可不要健忘，孔子所闡示的無言的「天」，即能運行四時並化生萬物的「天」，也當是具有美德、有善性和有信（實）的「終極實在」；而這，可正面左右了孟子的道德人生（性）觀。

是以，在這樣的詮解下，要涉論孟子的時間和救贖觀，自有它多方面的雷同處：在時間觀方面，我們認為，同孔子一樣，孟子也富涵有「過去導向式的時間意識」。因為，有話說孟子：「道性善，言必稱堯、舜。」[44]

此外,孟子又經常以「承三聖者」,即以做聖人之徒而自居。[45] 這裡的「聖人」,自然非指基督宗教思想所云的蒙神救贖者,即因信稱義者;或指:藉著信主、悔罪而重生得救的人。而是涵指:那些擁有能盡心、知性、踐形、存心、養性,以及擴充一個人的內在之仁、義、禮、智諸善良本性的人格特質者。[46]

在此一義理的闡析下,我們當可知悉:頗重視仁、德修行的孟子,雖以「正人心,息邪說」,作他人生奮鬥的方向,但他也如同前述的孔子一般,每以「自反」能行恕道為一個人之行事為人的準繩。

所謂君子應修身以立命,行法以命,以及盡道而正命[47],即是君子的配「天」之道。這可是孟子的道德工夫論,或孟子的人生哲學之要旨,而不是他的宗教哲學;更遑論有他的救贖思想存乎其中。如果勉強要說,這應可充當孟子的事「天」哲學。這裡的「天」,雖有它的偉大作為,即以「行」、「事」來彰顯祂全能的存在;不過,祂卻依舊是「不言」。

為此,從基督宗教思想的「救贖觀」來看,身處所謂「舊約」時代(恩典前期)的孟子,乃有如亞伯拉罕(ca. 2000 B.C.)一樣,應是一直在等候並企盼著他人生的奇蹟(可指:天或真神的發言、化現……)。[48]我們從孟子的表述(援引《書經》之語):「天降下民,作之君,作之師。」[49]以及感喟「順天者昌,逆天者亡。」[50]或者可以揣測他那企圖究明「天」的威榮和本旨的心態於一二。

接著來談談荀子。荀子的時間觀,我們認為,他也一樣富涵有「過去導向式的時間意識」。像他之涉談「禮有三本」,即本於天地、先祖和君師;其中所提的先祖,該當逕指往昔世人的祖字輩人物。此外,他也提到「先王」係做為制禮的起源[51]。

又論及君子的德行時,他則明示:博學,而日參省其身,便可

達到明己、無過失的境地。[52]這在在應已顯示：過去導向式的思維，也深刻影響著荀子的時間觀點。

尤其，他所力持的人性本惡論，想必更能呈顯上述的主張。像有話則這麼說：

「今人之性，生而有好利焉；順是，故爭奪生……。生而有疾惡焉；順是，故殘賊生……。生而耳目之欲，有好聲色焉；順是，故淫亂生……。」[53]

便在表明：荀子有力言人之生於世間，他本性的形塑，當是受到後天的好利、疾惡和好聲色……等欲情的影響而去爲「惡」。因此，論到人之（本）性時，荀子自是以性惡作出發。

而這，則無不顯示：對人的過去之種種（按：自誕生以來所經歷的一切）的思維，應是荀子之建構其時間哲學的重要基石。

而論到荀子有否救贖觀點時，我們則想表明：輕忽天命而祇重視人爲（如：有待明君之制禮）的荀子，有的僅是俗世性的淑世之道：即企盼聖王代出以訓練人性，好使人性能轉惡爲善。

這裡的聖王，可在涵指：前述的君師、君子或聖人。當然，這等人他們並非神人的下凡，而是爲「天地」所生的君子或聖人；如其所言「天地生之，聖人成之。」[54]以及「天地生君子，君子理天地。」[55]

所以，如同先前所述，荀子的淑世（社會）觀，自是不同於基督宗教思想其末世學意涵下的罪人救贖觀。因爲，荀子（哲學）所關切的是：在俗世意涵下，人性（社會）的轉惡爲善。而基督宗教思想所強調的，卻是：在末世學和靈性意涵下，徹底地改變人心（人性），俾使其能脫罪成聖和稱義。

其實，從時間暨救贖的綜合觀點而言，荀子的人性之爲惡，而必將有「待」師法和禮治以爲善的論調，也頗契合前述亞伯拉罕之

企盼其人生的奇蹟〔或指：救贖（主）的到臨〕以爲樂的景。

（二） 在基督宗教思想與中國道家哲學的對話方面

在基督宗教思想一方，一如先前已述，我們曾稱它是一種天啓宗教、超本性（超自然）宗教的思想。而在此刻正涉論的中國道家哲學，我們則要明說：猶如先前所提的儒家哲學，道家哲學也是出之於人的本性的一種成果，而爲本性哲學或自然哲學。

當然，有人會說：中國的道家哲學，即是一種融合了所謂的經驗主義、理性主義、直觀主義、玄秘主義、自然主義、社會思想和工夫論（修行主義）……等思維的產物。[56]

對此，我們並不論評。祇是，我們所關心的，勿寧是：認定道家哲學所抱持的時間觀，當是一種循環式的時間觀，而了無歷史有所謂的中心點的根本意識。

至於它到底有否救贖的觀點？我們則要指出：同原始儒家哲學一樣，道家哲學有的僅是一種淑世性的社會（人心）改革，以及獨樹一格的聖人政治（王國）觀[57]，而未有如基督宗教思想所強調的眞神成人以救世的宗教神學觀。何以如此？請見下文。

談到中國的道家哲學，首先要提的就是先秦時代老子的哲學思想。如前所述，老子哲學之最引人矚目的所在，則無不是他那有關「道」的獨特體認和表述。特別是，老子所指稱的先天地生者，爲「道」、爲「大」、爲「逝」、爲「遠」、爲「反」[58]，以及「反者，道之動」[59]，這應已表明：出動而復返是不變之「常道」的運動特性。

而在這個「道」的運行規律下，對老子而言，「道」所造生或創化的萬物，自也是秉有出動而復返的性質。像老子就這麼說：

「夫物芸芸，各復歸其根。」

「萬物並作，吾以觀復。」[60]

這裡所提到的「根」，當指：作為萬有之本源的「道」，或「先天地生者」。因此，綜合以上所述，我們自可得悉：對老子而言，萬有的存在暨其運動的規律，當不出於「道」的規約；即一切均出自於「道」，該當依循於「道」。最後，則全都回歸於「道」。

承以上所述，我們所探討的老子哲學的時間觀，自當是帶有受造於「道」，依準於「道」，以及歸返於「道」的性質。這種的性質，差可說就是所謂的循環性質；不過，卻不是輪迴的性質。因為，我們並無法從老子的哲學沈思中，發現有關生命體所謂的投胎、形變或轉世等的跡象。

此外，我們也難以找到老子的哲思之有論及靈界、永恆不朽的常樂世界。頂多，只能看到老子對俗世「聖人」政治（王國）的完美詮釋：當以正治國，凡事見小，以百姓心為心，以及倡導無為而治和行不言之教……等的仁政措施，[61]俾使人人受感而化，經常擁有赤子之心，不悖離「常德」；那麼，這便是全天下達到大和與大順的至美寫照。[62]

而論到基督宗教思想中的救世主觀與老子哲學的聖人觀的對談，如從以上的析述裡，我們應該可知：有若孔、孟哲學所強調的「聖人」（不貳過者）理念，老子哲學的論思亦應是這樣；祇不過，他卻看重「聖人」的體「道」、知「道」、行「道」而得「道」的佳美德性。

這裡的「道」，當指自然無為之「道」本身，也是天、地、人所應效法和遵行的「常道」本身。[63]而「聖人」，也自是指涉一個德行完美、知性完整和悟性完全的聖善之人。可是，這種人卻依然是一個「人」；而非「神人」，更非全人類的救贖主。

其實，基督宗教思想所展現的，就如先前所提，它則看重世人在現實世界中的苦難，更掛懷對苦難人世中罪人的終極救拔；所

以，便有論及救贖主耶穌的降世。耶穌曾教導世人要能明白時候（因為，天國近了），而且要人人都悔改己非，藉遵行（父）神之道而成為完全人。[64]這當是一種淑世的精神表明。

畢竟，基督宗教思想中的救贖論的特點，可不在此；而是在於耶穌個人的「殉道」。誠如耶穌的外邦大使徒保羅的言論之所示：

「因我們還軟弱的時候，基督（耶穌）就按所定的日期為罪人死。為義人死，是少有的；為仁人死；或者有敢作的。惟有基督在我們還作罪人的時候為我們死，神的愛就在此向我們顯明了。」[65]

這裡指示出，基督宗教思想的救贖論的要義，當是：基督一生的行徑，即是（真神）至愛的表明。因為，祂就是真神本身。可真難以理解！用老子的一句話，那便是：「道者，萬物之奧。」[66]可不是？！殊不知，從《聖經》的觀點而言，耶穌這位和神同一者，既是萬有的造化者，祂又是「先天地生者」，以及一切「智慧的本源」。[67]

接著來談談莊子哲學論思中有關時間與救贖的觀點。莊子雖是老子身後兩百多年的一位哲人，不過，他那有關道的學說，卻是本於老子。因此，論及莊子對時間與救贖的觀點，我們也就能說：莊子所肯定的是「道」，即「有情有信、無為無形；…… 自本自根，…… 自古以固存；…… 先天地生」的「道」[68]。

這裡的「道」，當是他所認知的時間與「救贖」（按：世人自求多福，自我以尋求超越解脫之意）觀的基礎。何以如此說呢？先談談前者。

誠如老子之對萬有係依存於「道」的主張，莊子所體認的「道」亦應是如此。祇是，他頗強調的「道」，乃「在太極之先，……在六極之下，…… 長於上古」[69]；而萬有，則是不斷地在「變」（化），在「遷」（流），永不終止。[70]特別是，對我們世人而言，任

何人都無法自外於這種存在的規律：有形、有生、有老、有死。

至於論及死是怎樣？死後又如何時？看來莊子是達觀地認知：逕視死、生為一體，死、生為萬化中的一化，或說人係「方生方死，方死方生」[71]。因此，人可不必為了生而「悅」生，且因為有死而「惡」死。[72]

在此，我們所注意的是，莊子的這種生死一體觀或生死一瞬觀，雖不是一種生死輪迴說，不過，他卻透顯出人世生命的無常和無奈。無怪乎，莊子要感嘆的說：

「死生，命也；其有夜旦之常，天也。人之有所不得與，皆物之情也。」[73]

又說：「死生存王、窮達貧富、賢與不肖、毀譽、飢渴、寒暑，是事之變，命之行也。」[74]

這樣看來，時間對莊子而言，當祇不過是「常道」、「大道」運行下的產物，也是受限於這「大道」或「常道」之萬有其自身運動、變化的軌道。為此，萬有可說是全無以自外於死生存亡，也無法離卻於寒暑。

祇是，面對這種天生自然的命運或命定，世人又能如何呢？顯然，達觀地認知事理變遷的本質，並且順命地力求自己成為「真人」；而有了「真人」，便會有「真知」。[75]

其實，莊子所講的「真人」，如從德行主義或工夫論的角度來說，它也不過是涵指：一個能瞭悟「常道」（大道），行事不離於宗，以及會參透萬事萬物變化之實相的人。

用莊子自己的話說：「真人」，就是一種具有「至人」、「天人」、「聖人」或「神人」人格的人。[76]在這裡，有的應僅是個人的一種明察秋毫，自力救濟，自求多福，而並沒有他人、他力或神力的介入。

所以，相較於基督宗教思想之強調人之有罪，人並無法自力救濟，而必須倚藉外力的救援，莊子的救贖觀，則應是一種功德型的自力救濟；也就是一種憑依「立功立法」而非「立信（主）之法」。[77]

又，論到這種「立功之法」究竟有何效益時？我們認為，這則當是一種一廂情願的主觀的看法和自我的努力，而欠缺普世性、全面性和客觀性的「真知」。

這個問題其實不應祇是莊子、老子，乃至前述孔、孟等哲人的問題，而是你、我每一個人所應面對的問題：你、我一旦發現自己的能力有所不足，無論是在人生思考、生命意義的追尋，或對安身立命之道的追求上，我們若見到個人自己認知上的極限暨行動上的掣肘，那時，我們該當怎麼行？是依然單靠自己呢？還是需要祈求他者的協助？想必，答案應是後者。

莊子的自我體會和認知，雖具有它的歷史傳承和獨特經驗之特質，可是，我們不應忘懷莊子依然是個人而已。

先前提到孔子的自謂：「德之不修，學之不講，聞義不能徙，不善不能改，是吾憂也。」（《論語》，述而第七）連孔子如此的聖哲，仍有他個人的煩惱，難道莊子都沒有自己的苦衷？想必，思及人生之短暫，由而懷有對永恆（長生）的渴望……等內心情結，該當是莊子一生的痛楚和期待。[78]

再者，話說基督宗教思想之向世人宣示有大救恩臨世，將福蔭我們眾生，祇要人人肯於謙虛，憑信心迎納，以信實的真神為每個人身、心獲救解脫的救主，跟生命意義之得以開啟的性靈導師；這相較於莊子思想所呈示的孤軍奮鬥、自力救濟，我們總可以想想：其中的哪一種思維或哪一類的選擇，之對我們每個人可會比較有利和有益？

三、擁持時間暨救贖意識之在現今人世活動中所開顯的意義

以上，我們分別析論了基督宗教思想之和中國的儒家與道家哲學的對話。而就時間與救贖的觀點，我們曾明示：基督宗教思想係有它的直線式時間觀和眞神成人的救世論。

中國的儒家哲學，則僅懷具過去式思維的時間觀和俗世之淑世社會（人心）的改造論。至於中國的道家哲學，則擁有循環式的時間意識，以及如同儒家功德型的自力救濟而有聖人（聖王）政治理想的訴求。

又，雖說莊子的哲學已略帶有對「永恆」或「長生」世界的追尋之意味，但這也祇是反顯莊子之對人世生命的短暫和世事難料的無奈。其實，莊子的這種無奈或苦悶，應可以視爲：中國歷來那些曾思索生命意義、探討存在本質之睿智哲人心中的一個難解的「情結」。

今日，我們接觸到東傳的其他文化及文明的思想，在相較之餘，想必，我們多會發現自己既有傳統文明的優、劣之所在。其中，依筆者之淺見，我中國的儒、道哲學之體系，勢必要因應外來的科技文明和宗教文化的衝擊。

而箇中，有關儒、道此二哲學體系的形上思維暨其指涉（按：一者爲天，另一者爲道），以及由之所派生的人世的實踐學說暨思想（如聖人人格、聖人政治、大同世界……等），則將首當其衝。因爲，它們是文化理念的中心，也是一個民族傳統之能以立足於世的重要根基之一。

而談到基督宗教思想所帶來的獨特歷史中心論和將使人類命運徹底改變的救贖（史）觀，顯然，它在對治一個人之身處於自己的文化傳統命脈中所作的生命沈思暨存在的追尋，係有它相當大的吸引力。不僅歷來西洋的哲學界、人文社會思想界的人士，曾有如此

的感受，就是自近代以來，蔚為世界、主流思潮的科學思想界的人士，也多有此類的認知（如牛頓、愛迪生、愛因斯坦等人）。

為此，在這個時、空背景下，我們反思時間與救贖之對今世的人們究竟具有何種意義時，想必會有格外的一番滋味。除非你、我認定人類真的具有無限的潛力，世人的理性知能真的無限，或很認真地相信人定勝天，人可和擁有全知、全能的「上帝」（或稱：真神、天主、真主、阿拉、耶威、梵天、天、耶穌、道……等）一比高下；否則，人類自古以來所成就的，不論是無形的人性或文化思維，或有形的科技與文明的製作，那也不過是人類偌小心智所完成的一項小小技藝。

可不要健忘了，有思想家早就明告我們：整個人類文化的演進史，可是充斥了多少的「嘗試錯誤」（Try and Error）的辛酸血淚。反觀我們之所以擁有今日的偉大文明，乃至一切被人所誇耀的成果，其中可不是都浸染過人類蹣跚步履的血汗和痛楚。

由此可見，不斷追求真知，探尋真象，不達目的永不終止，似乎已成為人類文化和文明演進的推動力量。不過，反面言之，這豈不在託示：人類本無知，欠缺真知，人類原是懵懂，並不知上進；而後，因有高人哲士的輩出和指點迷津，我們世人才逐漸醒覺，開始省察已有的一切，而重整出發。如：對人世生命意義的瞭解，無不是如此；就是對人類未來的希望之追尋，亦是這樣。

就此，我們來探索時間與救贖之對我們世人，之對你、我每個人所產生的影響和教示的蘊義，便有它們的重要性。其實，人該當虛心求教於聖哲、睿智者、性靈導師和生命的救星；因為，人命有限、人智也有限。祇是，茫茫人海，人類生命導航明燈何處可尋呢？

筆者覺得，若能透過個人後天真切的努力，輔以有明哲高智者

的指點，這則當是一條能發現明光的真實道路。真理的顯現於世，真知的臨在於世，無非是世人悉心傾聽、全力以赴的聖善對象。難道不是如此？！惟願我們都能敞開心胸，向宇宙的真知、明光而開放。

四、結語

以上，從基督宗教思想與中國儒家、中國道家哲學的對話裡，我們可以得知：中國的儒家與道家哲學同時擁有它們各自的形上思維之指涉。儘管它們對此一形上指涉的「建構」有所不同——一者視「天」是能創化萬有、運行四時的「天」，另一者則視「道」為自然無為的「常道」，或不生之生的「大道」；但是，它們都已開示出：人所能經驗的這個宇宙、這個天地、他周遭的事物，乃至時間、聖者（如：君子、聖人……等）的造化，卻都離不開上述這「終極實在」（者）權能的施化之結果。

對於儒家與道家之有上述這樣的哲學論思，我們可不覺得訝異。因為，儒家與道家的哲人，幾乎可說是當時世代的一時之選。他們憑藉個人的精研學問，觀察事理，或觸類旁通，或擘劃宏觀，總教後世的學界人士禮敬再三，垂詢不已。

畢竟，我們如果能參照西洋古希臘的三大哲人：蘇格拉底、柏拉圖，以及亞里斯多德的發現[79]，便不難想像：世人總有企圖超越現象界的思維之努力，甚而，對此形上世界的存在物遽作主觀的建構。而這，幾乎可說是人的內在本性之訴求，或人的內在性靈之基始的關懷。

就因為有此一訴求或關懷，它便形構成了人的安身立命之道。而關於這樣的人心取向，當代丹麥的存在哲學之父祁克果，便稱他是人的「宗教（心）A」的情懷。[80]顯示：人總想和永恆界（如：永

恆者、永福、長生……）建立一種內在的、本性的關聯，祇要人有自我的覺知，體認自己和永恆界又一種關係，如能經過反思、直觀、直覺、論辯或修持的功夫……等後天的作為，他便可能如願以償，而證得已所認定的永遠生命、永恆福祉。

其實，實情果真是如此嗎？也就是人能夠經由自己個人的覺醒，或存修心養性，或明心見性，或精進修行，而進入到真正的解脫世界？

可不要忘了，除了上述猶太暨基督宗教曾昭告世人：人都有罪，有罪者必不能見神（神聖者）；中國的儒家哲學則敬告我們，人若不據德、行仁，以求人道的完全實現，他就可能成為小人、作惡者。

而道家哲學，也展示出：一個不依道、尊德行事者，他就永不能成就「真人」的人格，而永遠離卻「真知」的生命情境。雖然儒、道二家的哲學沒有「（神）道成肉身」以救世的救贖（史）觀，它們卻有各自的淑世經綸、改造人心之論。

因此，從宗教思想與哲學論思的對話中，我們將會發現：基督宗教思想已有末世學的救贖時間表（當然，箇中也富含經世、淑世的變革人心之實踐學說），而中國的儒家哲學與道家哲學，因為只停留在本性哲學、自然學理的層次，而欠缺啟示宗教的要素；因而，只能給劃歸為自然哲學或自然神學的學理學說。

這裡所提的自然神學的學理學說，可相當於前述祁克果所云的「宗教（心）A」的宗教層次。而它，可不同於基督宗教的特質：以困思、弔詭（paradox）的信仰入門，及相信宇宙中「永恆暨實質的真理」──真神──確已道成肉身，施化為每個人性靈的導師。

所以，基督宗教所要求於每個人的，不是你、我個人的知見有多少，慧根有多深，學術經驗有多廣，而是你、我的完全倚靠神的

心意有多堅強。這便是一種信仰的宗教，不是理性的宗教；是一種困思性的宗教，而非思辯型的宗教。爲此，祁克果則稱它爲「宗教（心）B」型的宗教。

以上我們從時間與救贖的角度，探討基督宗教思想之與中國的儒家哲學、道家哲學的對話，其結果自是不言而喻：一者涉及神完全的旨意、愛心的寬容，以及對全人類的救贖；另一者則專論人對超世界的敬重、嚮往、期待而自求多福。想想：你認爲雙方可否相容？

不然，彼此是否一定必須排斥對方，而來建立自己？……我們認爲：只要彼此虛心、靜氣，多聆聽對方的見解而有待時間沖淡不必要的狐疑；最後，解脫必將有望，而世人必將由之汲取身、心眞正獲致救贖的智慧。

附註

1. 陳俊輝（2000年1月），〈宗教與哲學的對話─基督宗教的「寬容」與儒家的「恕（道）」初探），收入於台北市，輔大：《哲學與文化》，第二七卷第一期。頁37-38。

2. S. Kierkegaard，*Concluding Unscientific Postscript to the Philosophocal Fragments*，tr. David F. Swenson and Walter Lowrie：Princeton：Princeton University Press，1846-1944，PP.494~495.

3. 陳俊輝（1994年12月），《祁克果新傳─存在與系統的辯證》。台北市，國立編譯館暨水牛出版社。頁71-72。

4. 《聖經》。出埃及記三：14。

5. 同4，詩篇九十：2。

6. 同4，申命記三十三：27；希伯來書十：31。

7. 同4，以賽亞書九：6。

8. 同4，以弗所書一：23；啓示錄一：17；二：8。

9. 同4，以弗所書三：3-11。

10. 黃懺華（1966年3月），《印度哲學史綱》。台北市。頁26-30、33

11. 《聖經》，歌羅西書一：15-16。

12. S. Kierkegaard,op.,cit.,pp. 498-518.

13. 《論語》，泰伯第八：19。

14. 同13，述而第七。

15. 同13，八佾第三：13。

16. 同13，陽貨第十七：19。

17. 《孟子》，萬章上。

18. 同17，盡心上：1。

19. 同17，離婁上：7。

20. 《荀子》，王制。

21. 同20，禮論。

22. 如荀子有言：「天行有常，不爲堯存，不爲桀亡。」（《荀子》，
天論。

23. 陳俊輝（1999年1月），〈老子的「道」與聖人政治〉，收入於台
北市，輔大：《哲學與文化》，第二六卷第一期。頁16。

24. 《老子》（或《道德經》），第十四章。

25. 同24，第十五章。

26. 同24，第六十二章。

27. 同24，第一章。

28. 同24，第五十一章。

29. 同24，第四十二章。

30. 同24，第四十章。

31.《聖經》，羅馬書八：19-23。

32.參同註1，頁44-46。

33.《聖經》，羅馬書八：19-23。

34.同33，希伯來書二：2-3。

35.同33，使徒行傳十四：16。

36.同33，使徒行傳十七：30-31。

37.同33，約翰福音三：5-8；16-17。

38.同33，以弗所書一：13-14；馬可福音十六：16。

39.同33，約翰福音十一：25；啓示錄十九：7-9。

40.參《論語》：「天生德於予。」（述而第七）。另參：「天之未喪斯文也，匡人其如予何。」（子罕第九）；「天喪予，天喪予。」（先進第十一）顯示「天」有降禍（世人或世物）之能力。至於「天將以夫子爲木鐸。」（八佾第三）則顯示：「天」是有能力賜福予世人的「天」。

41.同40，爲政第二。

42.同40，先進第十一。

43.陳元德（1957年7月），《中國古代哲學史》，台北市，台灣中華書局。頁223。

44.《孟子》，滕文公上第一章。

45.這裡所提到的「三聖」，如按宋朝朱熹的見解，那便是指：夏禹、周公和孔子。

46.同註1，頁54。

47.《孟子》，盡心上、下。

48.《聖經》，約翰福音八：56。

49.《孟子》，梁惠王下。

50.同49，離婁上。

51.《荀子》，禮論。

52.同51，勸學。

53.同51，性惡。

54.同51，王制。

55.同51，富國。

56.陳俊輝（1999年1月），〈老子的「道」與聖人政治〉。台北市，
　　輔大：《哲學與文化》，第二十六卷第一期。頁16。

57.同56，頁18-20。

58.《老子》，第二十五章。

59.同58，第四十章。

60.同58，第十六章。

61.同58，第五十七、五十三、四十九、二章。

62.同58，第六十五章。

63.同58，第二十五章。

64.《聖經》，馬太福音十六；3-4；四：23。

65.同64，羅馬書五：6-8。

66.《老子》，第六十二章。

67.《聖經》，箴言八：23-31。

68.《莊子》，大宗師第六。

69.同68。

70.同68，德充符第五：大宗師第六。

71.同68，齊物論第二。

72.同68，齊物論第二。

73.同68，大宗師第六。

74.同68，德充符第五。

75.同68，大宗師第六。

76. 陳俊輝（1993年6月），〈論死談生：話祁克果與莊子的生死觀〉（上），台北市，輔大，《輔大哲學與文化》，第二十卷第六期。頁561。

77. 《聖經》，羅馬書三：25-29。

78. 參莊子言：「而彭祖乃今以久特聞，眾人匹之，不亦悲乎!」《莊子》，逍遙遊第一。以及「古之眞人，其寢不夢，其覺無憂，其食不甘，其息深深。眞人之息以踵，眾人之息以喉。」（同上，大宗師第六）。

79. 按：分別是肯定有「未識之神」（the Good unknown）的蘇格拉底、「善自身」（the God Itself）的柏拉圖，以及認定有「第一因」（the First Cause）或「第一不動原動者」（the First Unmoved Mover）的亞里斯多德。

80. 陳俊輝（1994年），《祁克果新傳》。台北市，國立編譯館暨水牛出版社。頁126-128。

珠璣感言

「你要保守你心，勝過保守一切，因為一生的果效，是由心發
出。」

（箴言四：28）

「一個人在知道任何事物之前，必須先知道自己。祇有當一個
人內在地如此瞭解他自己，如此看清了他的路向時，他的生
命才獲得平和與意義。」

梭倫・祁克果：《日記》，1835年8月1日

「一個人愈富機智的改變修養的模式，他就愈美好；不過，每
項個殊的變化，卻將一直落在『記取』與『遺忘』這普遍的
範疇下。

整個生命，便在這兩個潮流中游動：因此，能控制住它們，
才是重要的。」

梭倫・祁克果：《或作此／或作彼》

生命思想 V.S 生命意義

著　　者／陳俊輝

出 版 者／揚智文化事業股份有限公司

發 行 人／葉忠賢

總 編 輯／林新倫

登 記 證／局版北市業字第 1117 號

地　　址／台北市新生南路三段 88 號 5 樓之 6

電　　話／(02)2366-0309

傳　　眞／(02)2366-0310

郵撥帳號／19735365 戶名：葉忠賢

印　　刷／偉勵彩色印刷股份有限公司

法律顧問／北辰著作權事務所　蕭雄淋律師

初版一刷／2003 年 6 月

定　　價／300 元

ＩＳＢＮ：957-818-502-2

E-mail：book3@ycrc.com.tw

網址：http://www.ycrc.com.tw

國家圖書館出版品預行編目資料

生命思想V.S生命意義 / 陳俊輝著 ; ──初版.
──臺北市：揚智文化 ， 2003 [民 92]
　　面 ； 公分.

　　ISBN 957-818-502-2（平裝）

　　1.人生哲學　　2.生命教育

191　　　　　　　　　　　92004694